Deconstruyendo el rombo
Consideraciones sobre la nueva clase media en el Perú

Ludwig Huber
Leonor Lamas

Deconstruyendo el rombo

Consideraciones sobre la nueva clase media en el Perú

IEP
INSTITUTO DE ESTUDIOS PERUANOS

Programa Institucional Estado y Sociedad en el Perú de Ingreso Medio

Esta publicación se llevó a cabo con la ayuda de una subvención del Centro Internacional de Investigaciones para el Desarrollo, Cánada, bajo la iniciativa Think Thank.

Serie: Perú Problema, 51

Horacio Urteaga 694, Lima 11
Telf.: (51-1) 332-6194
www.iep.org.pe

ISBN: 978-9972-51-616-0
ISSN: 0079-1075
Impreso en Perú

Primera edición: enero de 2017
1000 ejemplares

Hecho el depósito legal
en la Biblioteca Nacional del Perú: 2017-00925

Registro del proyecto editorial
en la Biblioteca Nacional: 31501131700065

Corrección: Daniel Soria
Diagramación: Silvana Lizarbe
Carátula: Gino Becerra
Cuidado de edición: Odín del Pozo

Deconstruyendo el rombo. Consideraciones sobre la nueva clase media en el Perú / Ludwig Huber y Leonor Lamas. Lima, IEP, 2017 (Perú Problema, 51)

1. CLASE MEDIA; 2. CLASES SOCIALES; 3. EDUCACIÓN SUPERIOR; 4. ESTRATIFICACIÓN SOCIAL; 5. PERÚ

W/02.04.01/P/51

Agradecemos a Guillermo Rochabrún, a Marisa Remy
y a un(a) lector(a) anónimo(a) por sus valiosos comentarios
a versiones anteriores de este trabajo.
Obviamente las deficiencias son de nuestra exclusiva responsabilidad.

LH, LL

Índice

INTRODUCCIÓN

> "No es una coincidencia que la clase media –como concepto y como práctica– esté en el centro de las discusiones políticas actuales sobre la globalización. Voceros de organizaciones internacionales y funcionarios del Gobierno de Estados Unidos, tecnócratas, periodistas, políticos y académicos de todo el espectro político y alrededor del mundo están hablando de la clase media".[1]

Desde hace varios años, la clase media ha copado el interés público y académico, tal como bien lo expresan los autores de la cita reproducida arriba (historiadores ambos). Sorprende la enorme cantidad de referencias y publicaciones, tanto periodísticas como académicas, sobre un sector social del cual hace una década algunos analistas ni siquiera estaban seguros si existía.[2] Desde entonces fueron sobre todo economistas especializados en temas del desarrollo quienes advirtieron sobre la aparición de una nueva

1. López y Weinstein (2001: 1). Las traducciones del inglés, y ocasionalmente del alemán, son nuestras.
2. Así lo insinúa, por ejemplo, el título del número 4 de la revista *Perú Hoy* de Desco: "La clase media ¿existe?" (Gamero y Zeballos 2003).

"clase" en los países con economías emergentes: los "no pobres-no ricos" (Jaramillo y Zambrano 2013), refiriéndose a fracciones de la población que lograron insertarse en la economía globalizada con un nivel de ingresos que las ubica en algún lugar intermedio entre la línea de pobreza y las clases altas. En las publicaciones se las ha denominado "clase media global" (Kharas y Gertz 2010) o, con mayor regularidad, "nuevas clases medias" (Lange y Meier [eds.] 2009). Producto y a la vez promotores de la globalización (Lange y Meier 2009: v), estas "nuevas clases" son el fruto de políticas económicas que celebran la propiedad privada, el emprendedurismo y la responsabilidad del individuo; son, sin duda, "resultado del giro neoliberal" (Heiman, Liechty y Freeman 2012: 14). La "clase media global" se distingue así de épocas anteriores que también tenían sus respectivas "nuevas clases medias".[3]

También en el Perú, el crecimiento económico durante estos últimos años indujo una importante expansión de una "nueva clase media", tanto así que los sectores con ingresos considerados como "medianos" pasaron —según los criterios de medición aplicados— de aproximadamente 25% de la población en 2005 a sumar entre el 40% y el 50% en la actualidad. Si agregamos además la población que, por razones de vulnerabilidad, el Banco Mundial ha llamado

3. El marxismo temprano se refería con el término a la emergente capa de profesionales de "cuello blanco" cuyo destino político fue motivo de un controvertido debate entre los "ortodoxos" (Kautsky), los "revisionistas" (Bernstein) y los "socialistas de cátedra" (Schmoller) en la Alemania del siglo XIX (véase Carter 1985, Burris 1996 y algunos artículos en Vidich 1995). Las diferencias jerárquicas e institucionales entre la "antigua" clase media, propietaria de pequeños negocios (la "pequeña burguesía" de los marxistas), y los empleados sin propiedad (la "nueva" clase media regulada por estructuras burocráticas) fueron tema del libro de C. Wright Mills (1951) hacia la mitad del siglo pasado. También Giddens (1979, cap. 10) distingue entre la "clase media antigua" (sinónimo de la "pequeña burguesía") y una "nueva clase media" de empleados sin propiedad y con trabajos no manuales.

la "clase media emergente" (Lopez-Calva y Ortiz-Juarez 2011), entonces tendríamos una situación donde "7 de cada 10 peruanos pertenecen a los estratos de clase media o emergentes" (Jaramillo y Zambrano 2013). De esta manera, el ancestral triángulo que simbolizaba la estructura social peruana se habría convertido en un rombo "donde la riqueza de las personas se expresa más en su variedad de Estilos de Vida que según esa pirámide de ricos sobre pobres a la que nos hemos acostumbrado" (Arellano 2010: 30).

El presente trabajo quiere ofrecer una mirada más cercana a esta "nueva clase media" peruana. Nuestro primer objetivo era realizar un estudio empírico, el cual, esperamos, nos dé una idea sobre los procesos de *formación* de estos estratos sociales: ¿qué mecanismos están usando para mejorar su posición en el mapa social? Relacionado con ello, nos hemos propuesto examinar el (supuesto) efecto que su crecimiento tendría sobre la estructura social del país y, sobre todo, si se justifica el optimismo que predomina en la literatura pertinente respecto del impacto positivo que la expansión de la clase media tendría sobre la estabilidad democrática.

Para contestar estas preguntas seleccionamos dos ejemplos: los migrantes del interior del país en Lima, que para autores como Rolando Arellano (2010, Arellano y Burgos 2010) se habrían convertido en la columna vertebral de la sociedad peruana contemporánea; y el incremento exponencial de instituciones de educación superior con dudosa calidad académica pero con el derecho de otorgar títulos profesionales, los que, a su vez, sirven de filtro en el acceso al mercado laboral. Es lo que en sociología se conoce como *credencialismo* (Collins 1971, 1989; David K. Brown 1995).

Nuestro segundo objetivo era abordar preguntas más analíticas. Nos hemos propuesto examinar el discurso (economicista, vale destacarlo) de la "nueva clase media" y contrastarlo con nociones sociológicas de la clase social. Hacemos este ejercicio porque consideramos que la prevalencia de determinados conceptos en los discursos públicos refleja la manera como una sociedad se percibe a sí misma y cómo, de acuerdo con estas percepciones, los actores sociales definen estrategias para cimentar o superar el *statu quo*.[4] Lo que podría parecer una simple categorización "científica", neutra y desinteresada, tiene así connotaciones eminentemente políticas e ideológicas. En palabras del historiador Geoffrey Crossick: "[...] el lenguaje de la clase [...] no es un mero reflejo de una realidad externa, sino una *intervención en ella*; [...] es un intento de *describir* el mundo y al mismo tiempo un intento de *darle forma*" (Crossick 1991: 152, 153; las cursivas son nuestras).

En suma, nuestra intención no es cuestionar la validez *cuantitativa* del discurso sobre la "nueva clase media" (como lo hace por ejemplo Nicolás Lynch [2013]), sino analizar sus invocaciones sociales y políticas. Partimos de la hipótesis de que la restricción al ingreso monetario, como único factor para definir la "clase media", encubre (quién sabe interesadamente) la enorme heterogeneidad que caracteriza estos sectores en casi todos los demás aspectos; heterogeneidad que a nuestro juicio sí es necesario tomar en cuenta cuando se trata de analizar constelaciones sociales y arriesgar

---

4. Es conocido que en el Perú predominaba, por mucho tiempo, una visión dualista, herencia de las "dos repúblicas" coloniales, donde la estructura de clases sociales se sustentaba en la estratificación étnica (van den Berghe 1979, Bourricaud 1967). Los estudios de David Parker (1997, 1998, 2009) muestran cómo el esquema binario de "la gente decente" y "el pueblo" no dejó espacio para estratos intermedios en el imaginario social hasta bien entrado el siglo XX, a pesar de que siempre existían (véase Larson y Bergman 1969: 113). Fue recién en torno a la primera huelga de empleados, en 1919, que se desarrollaron una *conciencia* correspondiente y una identificación como "clase media" que se manifestaron en demandas políticas. Desde su "descubrimiento", la clase media "como concepto ha tenido un rol clave en la manera como los latinoamericanos han interpretado a sus sociedades y su historia y ha tenido una influencia incalculable en la política" (Parker 2013a: 3).

predicciones sobre el futuro del país. En este sentido, nos hemos planteado "deconstruir el rombo".

Como herramienta analítica recurrimos a un concepto neoweberiano: *el cierre social*. He aquí el tercer y último de nuestros objetivos: validar un instrumento del análisis social que, hasta donde sepamos, poco o nada se ha usado hasta el momento en las ciencias sociales peruanas.[5] Por lo menos en este sentido, nuestro trabajo se caracteriza también por poseer un fuerte componente exploratorio.

---

5. Una excepción es el libro de Omar Pereyra (2016) sobre la distinción social entre los vecinos de la Residencial San Felipe.

Capítulo I

Reflexiones teóricas

El discurso de la "nueva clase media global"

> "La influencia de la clase media se extenderá pues sus filas aumentarán a 3,2 billones para el año 2020 y a 4,9 billones para el año 2030. La clase media será el protagonista de la difusión universal de las sociedades de información. Los ciudadanos estarán interconectados por redes múltiples y mayores flujos transnacionales interpersonales. Por lo tanto se puede asumir que los ciudadanos de 2030 querrán una mayor participación en su futuro que los de generaciones anteriores".[1]

Según la proyección citada en el párrafo anterior –tomada de un informe del Instituto para Estudios de Seguridad de la Unión Europea–, en 2030 más de la mitad de la población mundial, que se calcula habrá alcanzado 8300 millones de personas en ese año, será de "clase media". Publicaciones de instituciones afines comparten esta idea, si bien sus estimaciones suelen ser un poco más cautelosas. Los augures de Goldman Sachs, por ejemplo, predicen para el

---

1. European Union Institute for Security Studies (2012: 12).

mismo lapso "solo" una duplicación de la "clase media", de uno a dos mil millones de personas (Wilson y Dragusanu 2008). Pero el mensaje de fondo se repite:

> El crecimiento de la clase media global constituye un cambio tectónico: por primera vez, la mayoría de la población mundial no será pobre y la clase media será el sector social y económico más importante en la mayoría de los países del mundo (National Intelligence Council 2012: iii).

El único indicador que sustenta las afirmaciones sobre la "tectónica" expansión de la "clase media global" es el ingreso monetario; sin embargo, no hay consenso sobre las tasas que deben aplicarse para su medición. Algunos autores prefieren montos relativos, como por ejemplo un ingreso per cápita entre el 75% y el 125% del ingreso mediano (Birdsall, Graham y Pettinato 2000); otros aplican un ingreso absoluto diario de entre US$ 2 y US$10 (Banerjee y Duflo 2008) o de entre US$ 2 y US$ 13 (Ravallion 2010). El Banco Mundial agrupa la población latinoamericana en cuatro "clases": la clase baja, con un ingreso menor a los US$ 4 por día; los "vulnerables" (US$ 4-10), la clase media (US$ 10-50) y la clase alta (> US$ 50) (Ferreira *et al.* 2013). Esta es solo una pequeña selección un tanto aleatoria de los indicadores aplicados. Revisando la bibliografía uno se siente inclinado a coincidir con el economista australiano Martin Ravallion cuando afirma que "el grado de arbitrariedad en todas estas definiciones es preocupante" (2010: 446).

Cualesquiera que sean los indicadores usados, la aparición de la "nueva clase media" es celebrada por las entidades financieras transnacionales —llámese Banco Mundial, Fondo Monetario Internacional (FMI) o Banco Interamericano de Desarrollo (BID)— y *think tanks* afines, quienes se sienten ratificados en sus estrategias de lucha contra la pobreza y su apuesta por el crecimiento económico en lugar de políticas redistributivas.[2] Pero más allá del entusiasmo por el aumento de los ingresos y de la calidad de vida (entendida como capacidad de consumo[3]) de estos sectores, las publicaciones pertinentes (o al menos la gran mayoría de ellas) expresan —y ese es el aspecto que más nos interesa aquí— también un consenso sobre el impacto positivo que la expansión de la clase media tendría para la estabilidad social y política de los respectivos países. Ha obtenido cierta hegemonía una perspectiva según la cual sociedades con un amplio centro se caracterizarían por niveles relativamente bajos de desigualdad, un grado mayor de cohesión social, menos polarización política y, por lo tanto, escasa conflictividad social (Barro 1999,

2. Las afirmaciones de autores de la Brookings Institution son representativas para una amplia bibliografía que utiliza la expansión de la "nueva clase media" como argumento para ratificar el modelo económico hegemónico vigente: "La conclusión principal del documento es que el crecimiento económico es la fuerza más poderosa detrás del crecimiento de la clase media global, de un orden de magnitud más grande que la redistribución. [...] Por lo tanto, la agenda del crecimiento es crucial para la expansión de la clase media. La equidad puede desempeñar un papel complementario, pero incluso en escenarios muy optimistas no será capaz de producir una gran clase media global" (Cárdenas, Kharas y Henao 2011: 17, 18; véase también Ferreira *et al.*, del Banco Mundial [2013: 4]).
   Interpretaciones divergentes o al menos más matizadas son minoría. Un estudio de la Organización para la Cooperación Económica y el Desarrollo (OECD) sobre Brasil identificó, aparte del crecimiento, los servicios públicos y las transferencias monetarias condicionadas como principales factores para la emergencia de la "nueva clase media" (Arnold y Jalles 2014).
   Autores de la CEPAL destacan "el advenimiento de la sociedad de bajo costo" que permitió la incorporación de las grandes masas al consumo masivo: "Artículos electrónicos, computadoras, vestuario, servicios de viaje en paquetes, artículos diversos para el hogar, teléfonos celulares, todo ello forma parte de un mercado cada vez más amplio y dinámico de compradores ávidos de consumo y acceso al financiamiento" (Franco y Hopenhayn 2010: 26).
3. Véase por ejemplo Rolando Arellano: "La cara de los no pobres", *El Comercio*, 8 de junio de 2015.

Castellani y Parent 2011, Torche y Lopez-Calva 2013, Solimano 2008; para un resumen crítico véase Wietzke y Sumner 2014). Si bien existen también posiciones más cautelosas al respecto,[4] las clases medias son consideradas así como un factor estabilizador tanto para la economía como para la política, y Birdsall, Graham y Pettinato (2000: 1) pueden presentarlas como "columna vertebral de la economía de mercado y de la democracia en la mayoría de las sociedades más avanzadas". Entonces se trata de demostrar la pertinencia de esta afirmación en los países con economías emergentes.

Ahora bien, esta visión sobre el rol estabilizador de los sectores medios en la vida política no es ninguna novedad; se remonta hasta Aristóteles,[5] y fue consagrada por la teoría de la modernización hacia mediados del siglo XX, la cual postuló una relación intrínseca entre el desarrollo económico y la formación de nuevos estratos sociales, en particular la clase media, cuya presencia a su vez aumentaría la participación democrática. Una comparación entre países europeos anglohablantes y países latinoamericanos, hecha

---

4. Según la OECD, por ejemplo, la estabilidad política depende de la consolidación económica de los sectores medios: "Si esos estratos medios cuentan con empleo estable e ingresos relativamente robustos, entonces, presumiblemente, constituirán una sólida base de progreso económico. Además, podría ser que respaldasen asimismo plataformas políticas moderadas pero progresistas en las democracias latinoamericanas —el papel político a menudo atribuido a las clases medias tanto por historiadores como por sociólogos—. Por el contrario, si quienes se hallan en el medio de la escala tienen ingresos precarios y empleos inestables, no podrá contarse con su consumo para espolear el desarrollo nacional; su crecimiento no podrá considerarse como signo de progreso social; y sus tendencias políticas podrían virar hacia opciones populistas no necesariamente garantes de una correcta gestión económica" (2010: 15).

5. "[…] una *polis* debe estar compuesta por un núcleo humano de clase media económica, porque en donde lo está por los muy ricos o los muy pobres, no hay posibilidad de ser gobernado y gobernar. La *polis* debe componerse, en la mayor medida posible, de iguales y semejantes. Así se genera la estabilidad política" (Aristóteles de Estagira 1989: 338).

por Seymour Martin Lipset en los años cincuenta, encontró que el bienestar, el grado de industrialización y urbanización, y el nivel de educación —a su vez indicadores de la mayor presencia de una clase media— eran más altos en los estados democráticos. Construyendo sobre la base de estos datos una relación causal entre desarrollo económico y democracia, el autor llega al dictamen de que "una gran clase media desempeña un papel atenuante en moderar los conflictos ya que es capaz de premiar partidos moderados y democráticos y condenar a los grupos extremistas" (Lipset 1959: 83).[6] Para Lipset, la clase media se convierte así en un factor decisivo para la transformación política hacia la democracia:

> En la medida en que se atribuye el desarrollo de la democracia a un "agente"como sucede en el artículo clásico de Lipset (1959), es la clase media la que se ve como el principal promotor de la democracia. La clase alta y especialmente la clase baja son vistas como enemigos de la democracia. [...] En países con grandes desigualdades de riqueza, los pobres tienen más probabilidades de ser una amenaza para los privilegiados y el orden establecido. Los ricos, a su vez, tienden a ser hostiles a la democracia, tanto porque se sienten amenazados y porque a menudo lo ven incluso como moralmente incorrecto dejar que los pobres e infortunados participen en las decisiones políticas —una actitud arrogante que a su vez alimenta el resentimiento de los pobres. Por lo tanto, la clase media emerge como la principal fuerza pro-democrática en el análisis de Lipset, y esta clase crece con el desarrollo socioeconómico (Rueschemeyer, Huber Stephens y Stephens 1992: 5, 14).

---

6. Hasta donde sepamos, Lipset fue también el autor que por primera vez propone la figura de una estructura social tipo rombo ("diamante", según él) como resultado de una extendida clase media: "El aumento del bienestar está relacionado con el desarrollo de la democracia no solamente mediante el cambio de las condiciones sociales de los trabajadores, sino también porque afecta el papel político de la clase media, cambiando la forma de la estructura de estratificación de una pirámide alargada, con una amplia base de clase baja, a un diamante con una clase media creciente" (1959: 83).

El raciocinio detrás de estas postulaciones, reproducidas en la literatura reciente sobre la "nueva clase media global", es que las clases medias representan un determinado conjunto de valores liberales y favorables al mercado, los cuales a su vez enfatizan la moderación y la estabilidad por encima de cambios bruscos. Son afirmaciones contundentes, pero desgraciadamente no se han hecho estudios empíricos que las comprueben. En palabras de autores del mismo Banco Mundial, "se ha especulado mucho pero estudiado poco" (Ferreira *et al.* 2013: 172).

> [...] a pesar de todas las esperanzas puestas en la clase media como agente de estabilidad y prosperidad, y la atención de la que han sido objeto las clases medias tanto en el mundo académico como en el mundo de las políticas sorprende comprobar que existe muy poca evidencia empírica que respalde la mayoría de las afirmaciones. Aún están por develarse las implicaciones sociales, políticas y económicas del crecimiento de las clases medias en los países de ingresos medios (Ferreira *et al.* 2013: 171).

De hecho, existen suficientes indicios que demuestran que el rol histórico de las clases medias no fue tan inequívocamente benévolo para la estabilidad democrática como se suele sostener en las publicaciones señaladas. Es interesante ver las contradicciones en la misma literatura sociológica al respecto. Theodor Geiger, una de las principales figuras de la sociología alemana en los años treinta del siglo pasado, por ejemplo, interpretó el surgimiento del totalitarismo fascista en Europa como "reacción de pánico" de una clase media vulnerable (Geiger 1930[7]). Algunas décadas después, a partir de los años sesenta, el colapso de muchas democracias emergentes en países del Tercer Mundo y su transformación en regímenes

7. Una traducción al castellano está disponible en <http://bit.ly/2hiDHm4>.

autoritarios condujo a la revisión de los postulados de la teoría de la modernización, y el mismo Lipset, quien pocos años antes había vinculado el advenimiento de la democracia con el crecimiento de los sectores medios, repitió ahora el razonamiento de Geiger e interpretó al fascismo como "extremismo del centro": un movimiento principalmente de las clases medias en protesta tanto contra el capitalismo como el socialismo (Lipset 1960, capítulo 5). Apoderándose de conceptos como el "radicalismo del medio" y el "pánico de estatus", la sociología norteamericana empezó a analizar movimientos de ultraderecha en su país como el Ku Klux Klan y el macartismo (Burris 1986: 338).[8] En América Latina, a su vez, Nun (1968)[9] y O'Donnell (1973)[10] llamaron la atención sobre el apoyo de las clases medias a los golpes militares en países como Argentina o Brasil. Más recientemente, ya acercándonos más al contexto de nuestro estudio, se han observado movilizaciones medioclasistas "desestabilizadoras" en todo el continente latinoamericano:

---

8. Asumiendo una argumentación similar, en los años ochenta Barbara Ehrenreich publicó un libro donde describe la "vieja ansiedad en el corazón de la clase media: el temor de caer, de perder el control, de un crecimiento suave" (Ehrenreich 1989: 247), la cual muchas veces termina en el abandono de valores liberales.

9. Según Nun, una clase media asediada abandonó la democratización de sus países debido a percibidas amenazas a su bienestar, y llegó a ser representada por los militares. Para una relectura de la tesis de Nun en contextos neoliberales más recientes —entre ellos el apoyo de las clases medias para Alberto Fujimori en el Perú—, véase Zirker 1998.

10. Dice O'Donnell: "La situación de los ingresos de la numerosa clase media asalariada se había deteriorado de manera constante en Argentina y Brasil durante los años que precedieron a los golpes de 1964 y 1966. Este sector mostró signos inequívocos de descontento con la situación, en la que la privación, el desorden político y un sistema formalmente democrático parecieron vinculados entre ellos. Reaccionando en una forma característica, respondieron a la apelación a 'ley y orden'" (1973: 70). Sobre el mismo tema véase también Ratinoff 1967.

> Las clases medias urbanas serían claves en la oposición a Hugo Chávez en Venezuela y a Cristina Fernández de Kirchner en Argentina. Las movilizaciones contra las retenciones a las exportaciones decididas por el gobierno argentino habrían unido a las clases medias urbanas y a las nuevas clases medias rurales que anteriormente habían apoyado a Néstor Kirchner. Las clases medias urbanas se habrían rebelado contra la manipulación del Poder Judicial en Ecuador y su movilización —los llamados "forajidos"— habría provocado la caída del presidente Lucio Gutiérrez en abril de 2005 (Paramio 2010: 64).[11]

En suma, contamos con suficientes ejemplos históricos para afirmar que no se puede generalizar sobre el comportamiento sociopolítico de "la" clase media si se la considera descontextualizada y en singular, tal como suele hacerse en la mayoría de las publicaciones sobre la "nueva clase media global". Es un discurso empíricamente insostenible.[12]

---

11. Eso se ve no solamente en América Latina. En una contribución al *Wall Street Journal* del 28 de junio 2013, Francis Fukuyama observa un elemento común en la agitación política contemporánea en el mundo: el fracaso de los gobiernos para satisfacer las crecientes expectativas de las emergentes clases medias. Disponible en: <http://on.wsj.com/2gaGsoF>.

12. Las inconsistencias entre los postulados y la evidencia no han pasado desapercibidas a autores del Banco Mundial, quienes expresan dudas sobre el aporte de las clases medias a la estabilidad política: "Las clases medias de América Latina no parecen profesar valores excepcionales que generen una mayor estabilidad y cohesión social. De hecho, [...] parecen ser más bien pragmáticas, y apoyan políticas que les son favorables y, en algunos sectores, es posible que estén dándole la espalda a un contrato social en el que ven escasos beneficios" (Ferreira *et al.* 2013: 184); dudas que se refuerzan con los hallazgos de Cárdenas *et al.* (2011), quienes encontraron en su análisis econométrico del *World Values Survey* (2008) una mayor tolerancia hacia gobiernos autoritarios en la clase media peruana que entre los sectores más pobres. Usando datos de 26 países del Latin American Public Opinion Project (LAPOP) 2012, Zechmeister, Sellers y Seligson (2012) a su vez encontraron que "la clase media en las Américas es un grupo amplio y diverso. Y a pesar de investigaciones y teorías sobre la importancia de la clase media para el desarrollo y la estabilidad

Estratificación y clases sociales: enfoques sociológicos

Muerte y resurrección de la clase en la teoría social

> "'Clase' es un término muy difícil de definir porque se lo utiliza en una amplia gama de disciplinas –sociología, política, estudios culturales y 'crítica literaria'– todas las cuales le dan diversos significados, ponderaciones y valores explicativos".[13]

Todas las sociedades complejas son estratificadas, es decir, se caracterizan por poseer instituciones que generan desigualdades mediante procesos que, primero, definen determinados bienes (materiales o simbólicos) como deseables y, segundo, establecen las normas que facilitan su distribución diferenciada. Solo cuando existen diferencias *institucionalizadas* en el acceso a estos bienes, se genera una desigualdad "sociológicamente relevante" (Nassehi 2008: 164). Una teoría social que pretende explicar –y no solo describir– la desigualdad social debe analizar el proceso de su institucionalización.

En ciencias sociales, el análisis de la desigualdad solía enfocar la posición económica de las familias (y no tanto del individuo), es decir, el grado del acceso a recursos materiales. La categoría correspondiente fue la clase social que se había constituido en el marco de la industrialización del siglo XIX como actor principal en la lucha política (Hechter 2004, Pakulski y Waters 1996), y desde entonces ha sido objeto de un sinnúmero de reflexiones académicas y buena cantidad de modelos teóricos.[14] Sin embargo, nunca se

---

democrática, las diferencias con otras clases parecen pequeñas –y en el caso de la tolerancia, el contrario de lo que se esperaba" (2012: 76).

13. Day (2001: 2).

14. No hay espacio para resumir con más detalle la enorme bibliografía sobre las clases sociales. Para una introducción a los enfoques más importantes, véase Plaza 2007, Dworkin 2007, Edgell 1993 o Wright 2005.

logró un consenso sobre su definición; al contrario, se han "desarrollado teorías, conceptos y medidas muy diferentes y a menudo interminablemente impugnadas" (Crompton 2008: 9), de modo que "se ha convertido en lugar común que no existe una definición única y 'correcta' del concepto de clase, ni medida alguna universalmente 'correcta'" (2008: 8).

Entre los temas en disputa se encuentra "la cuestión, de importancia crucial, si las clases son identificadas como categorías meramente nominales o como grupos sociales reales" (Scott 2001: 137, citando a Raymond Aron). Aplicando la frase de Aron al contexto de nuestro trabajo, surge la interrogante acerca de si un concepto que se sustenta en un solo criterio cuantitativo —el ingreso monetario— es capaz de designar "grupos sociales reales". Viéndolo desde el ángulo opuesto: si se entiende, como lo hace, por ejemplo, el sociólogo británico John Scott, la estratificación de una sociedad como arreglo jerarquizado de "grupos sociales distintos, cada uno con oportunidades de vida específicas y con un estilo de vida propio" (1996: 1), se plantea la pregunta acerca de si estas oportunidades y estilos de vida están determinados exclusivamente por los ingresos. Existen diferencias fundamentales al respecto entre el discurso de la "nueva clase media" y la teoría social que se sustenta fundamentalmente en las obras de Carlos Marx y Max Weber.

Para Marx, interesado en revelar las leyes de movimiento de la economía capitalista en pos de su superación, las personas pertenecían a una u otra clase de acuerdo con su situación en el sistema productivo. El factor (cualitativo) decisivo es la propiedad de los medios de producción y no el nivel (cuantitativo) de ingresos. En el capitalismo se enfrentan dos clases principales: la burguesía como clase propietaria y los proletarios, quienes "no tienen nada que perder [...] más que sus cadenas" (Marx y Engels 1848). Para desenvolverse plenamente, una clase requería de una *conciencia* que vincule la "base" económica con la "superestructura" político-ideológica. A la situación objetiva en la producción ("clase en sí") se agrega un elemento de identidad compartida ("clase para sí"), que, según Marx (1847a), se constituye en la lucha. Una clase plenamente desarrollada se caracteriza así por una autoidentificación y un sentido de colectividad que les permite la organización con fines políticos; solo así el proletariado podía asumir su misión escatológica de trascenderse a sí mismo y convertir la sociedad de clases en una sin clases. Al no cumplirse esta condición tendríamos "la simple suma de unidades del mismo nombre, al modo como, por ejemplo, de las patatas de un saco forman un saco de patatas" (Marx 1852); una característica del campesinado francés de su época que no logró constituirse como actor político, y por lo tanto no formaba una clase social "completa":

> En la medida en que millones de familias viven bajo condiciones económicas de existencia que las distinguen por su modo de vivir, por sus intereses y por su cultura de otras clases y las oponen a éstas de un modo hostil, aquéllos forman una clase. Por cuanto existe entre los campesinos parcelarios una articulación puramente local y la identidad de sus intereses no engendra entre ellos ninguna comunidad, ninguna unión nacional y ninguna organización política, no forman una clase (Marx 1852).

En su célebre estudio sobre la formación de la clase obrera en Inglaterra, el historiador marxista E. P. Thompson describe las clases como "comunidades de destino", que comparten un estilo de vida y un activismo político basado en la solidaridad social (Thompson 1963).[15] En suma, más que una mera categoría económica, para los marxistas una clase social es un *actor social colectivo*.

---

15. Esta posición había sido adelantada por Engels en 1845. En *La situación de la clase obrera en Inglaterra*, señala que "los obreros hablan un idioma diferente,

Algunos decenios después de Marx, Max Weber —el otro gran progenitor de los estudios sociológicos sobre la clase social— rechazó la reducción de la constelación sociopolítica a dos clases "principales" y cualquier vínculo genérico entre clase, conciencia y acción. Para Weber, la constelación de clases se da más bien en el ámbito de la distribución, es decir el mercado,[16] y se define por obtener rentas de su propiedad ("clase propietaria"[17]) o ganancias merced a su actividad comercial o laboral ("clase lucrativa"[18]).

El modelo de Weber evita así el reduccionismo de la bipolaridad marxiana. El problema que se deriva de su propuesta es más bien inverso, pues la inmensidad de posibles "posiciones determinadas por el mercado" implica el peligro del desborde, una cantidad casi infinita de potenciales "clases". Para evitar la atomización, Weber ordena las clases propietarias y lucrativas en *clases sociales* según el nivel de relaciones que sus integrantes mantienen entre

---

tienen otras ideas y concepciones, otras costumbres y otros principios morales, una religión y una política diferente a aquellas de la burguesía. Se trata de dos pueblos distintos, tan distintos como si fuesen de otra raza" (página 191 de la versión electrónica disponible en <http://www.marxists.org/espanol/m-e/1840s/situacion/situacion.doc>).

16. "Las *clases* no son comunidades en el sentido dado aquí a esta palabra, sino que representan solamente bases posibles (y frecuentes) de una acción comunitaria. Así, hablamos de una 'clase' cuando: 1) es común a cierto número de hombres un componente causal específico de sus probabilidades de existencia, en tanto que, 2) tal componente esté representado exclusivamente por intereses lucrativos y de posesión de bienes, 3) en las condiciones determinadas por el *mercado* (de bienes o de trabajo) ("situación de clase")" (Weber 2002 [1922]: 683).

17. "*Clase propietaria* se llama a aquella en que las diferencias de propiedad determinan de un modo primario la situación de clase" (Weber 2002 [1922]: 242).

18. "*Clase lucrativa* se llama a aquella en que las probabilidades de la valorización de bienes y servicios en el mercado determinan de un modo primario la situación de clase" (Weber 2002 [1922]: 242).

ellos.[19] Las clases sociales no son unidades posicionales y por lo tanto estáticas, sino que se constituyen a través de interacciones intra- e intergeneracionales:

> Si carpinteros, electricistas y conductores de autobuses normalmente se asocian con frecuencia uno con el otro y existen altos niveles de movilidad entre estas ocupaciones, y al mismo tiempo se asocian con menos frecuencia y mostrando menos movilidad con las ocupaciones de doctores, profesores o arquitectos, entonces las relaciones demográficas muestran evidencia de un límite real de cierre social —de inclusión y exclusión, entre las dos categorías de ocupación. Para Weber, esta formación demográfica de límites y cierre social fue fundamental para lo que es una clase social (Scott 2001: 137).

En su tiempo Weber identificó cuatro clases sociales: el "proletariado en su conjunto", la pequeña burguesía, la "*intelligentsia* sin propiedad y los expertos profesionales", y "las clases de los propietarios y de los privilegiados por educación" (Weber 2002 [1922]: 244). Sin embargo, habría que agregar que, según Weber, el orden social se expresa también en los "estamentos" que se sustentan en el "honor" y el prestigio social; es decir, en el *estatus*.[20] La jerarquización social no se manifiesta solo en el ámbito económico, sino de manera

---

19. "*Clase social* se llama a la totalidad de aquellas situaciones de clase entre las cuales hay un intercambio
a) personal
b) en la sucesión de las generaciones
es fácil y suele ocurrir de un modo típico" (Weber 2002 [1922]: 242).

20. Weber define como "situación estamental" a "todo componente típico del destino vital humano condicionado por una estimación social específica —positiva o negativa— del 'honor' adscrito a alguna cualidad común a muchas personas" (Weber 2002[1922]: 687). El tercer elemento en el modelo weberiano son los "partidos" —una manera de grupos de interés institucionalizados— que tratan de ejercer influencia sobre la acción colectiva.

igualmente —y aún más— significativa entre los *grupos de estatus*. En las clases sociales de Weber se combinan las características de las clases económicas —propietaria y lucrativa— y del *estatus*:

> Las clases sociales [de Weber], como "estratos" concretos que conforman los sistemas de estratificación, son el resultado tanto de la "clase" como de procesos de "estatus". La situación de clase y la situación de estatus son elementos analíticos que se forjan en clases sociales concretas a través de los procesos demográficos de circulación, de movilidad y de interacción. De ello se desprende que la situación de clase u ocupación de un individuo no necesariamente es el determinante más importante de su pertenencia a una clase social. Este último depende de las relaciones familiares de la persona y de las posibilidades de movilidad asociadas (Morris y Scott 1996: 48).

A lo largo de los años, tanto el modelo de Marx como aquel de Weber han experimentado una serie de modificaciones y adaptaciones que tratan de tener en cuenta el desarrollo del sistema capitalista. El auge del "capitalismo gerencial" (*manager capitalism*), con sociedades anónimas cuya propiedad está dividida entre miles de inversionistas y donde la función de "capitalista" la asume un gerente —es decir, un empleado de alto nivel—, hizo que después de la Segunda Guerra Mundial se produzcan reformulaciones de las teorías clásicas. Dahrendorf (1962; original en alemán 1957), por ejemplo, rechazó la propiedad de los medios de producción como una condición demasiado estrecha para definir las clases en la sociedad industrial y propuso una "teoría de la dominación" que enfoca el acceso al o la exclusión del *poder*.

A comienzo de los años ochenta ganaron influencia el enfoque "neomarxista" de Eric Olin Wright (1985, 2004) y, sobre todo, el "neo-weberiano" de John Goldthorpe y sus colaboradores (el llamado "modelo EGP" según las siglas de sus autores Erikson, Goldthorpe y Portocarrero [1979]; véase también Goldthorpe 1980, entre muchas otras publicaciones del autor). Si bien enfocan el tema desde diferentes ángulos —Wright recurre a una versión ampliada del concepto marxista de explotación,[21] mientras Goldthorpe contempla situaciones ocupacionales en el mercado laboral según sus fuentes y niveles de ingreso en combinación con estructuras de autoridad y control—, ambos presentan modelos que se sustentan esencialmente en la definición de estratos profesionales. El esquema de Goldthorpe (1982), con mayor influencia en el análisis de las estructuras sociales de sociedades industrializadas, divide a los profesionales en dos grupos de "clases de servicio" (*service classes*) que constituirían un elemento esencialmente conservador de la sociedad.

Aparte de los enfoques que se remontan más o menos explícitamente a Marx o a Weber, el aporte más importante a las teorías de la clase social viene de Pierre Bourdieu y sus diferentes formas de capital. El sociólogo francés extiende la noción más allá de una concepción netamente económica e incluye formas "inmateriales" como el capital cultural y el capital social (Bourdieu 2000), que son mutuamente convertibles. Su respectiva combinación genera "espacios sociales" en los cuales, a su vez, se configuran las condiciones (materiales) y posiciones (relacionales) de clase según dos dimensiones: el *volumen* global de capital y la *composición* según las diferentes formas:

> Las diferencias primarias, aquellas que distinguen las grandes clases de condiciones de existencia, encuentran su principio en el *volumen global del capital* como conjunto de recursos y poderes efectivamente utilizables, capital económico, capital cultural, y también capital social (Bourdieu 1991: 113; véase también Bourdieu 1990, 1994, 2002).

---

21. Desarrollado con detalle en Wright 1979.

A partir de los años ochenta, finalmente, se produce un nuevo giro. Cambios fundamentales en las sociedades occidentales —el bienestar masivo, la sociedad del consumo, el "desanclaje" de las identidades (Giddens 1993)— habrían forjado una "desestructuración" de la vida social que ya no refleja situaciones orgánicas e impersonales, sino que se expresa cada vez más en decisiones subjetivas e individuales. Autores como el sociólogo alemán Ulrich Beck (Beck 2007, Beck y Beck-Gernsheim 2002) observan un proceso de *individualización* donde aspiraciones personales desplazan la acción colectiva derivada de la pertenencia a una categoría social como la clase. En la configuración de las sociedades posindustriales las jerarquías económicas pierden así vigencia; en vez de limitarse a ellas habría que analizar también prácticas (¡no solo volúmenes!) de consumo (con énfasis en el consumo simbólico), estilos de vida y otros elementos de la vida social deliberativamente elegidos y compartidos por los individuos, una observación que se aplica más que nada a las clases medias emergentes en el contexto globalizado (Lange y Meier [eds.] 2009, Stewart 2010, Wynne 1998).

Si a ello agregamos la proliferación de constelaciones y demandas políticas que se sustentan esencialmente en una politización de identidades primordiales (étnicas, de género, religiosas etc.; Huber 2011; Huber, Hernández Asensio y Zuñiga 2011), es quizás comprensible que, hacia mediados de los años ochenta, algunos autores hayan declarado la muerte de la clase social (Pakulski y Waters 1996; véase también Clark y Lipset 1991; Clark, Lipset y Rempel 1993; y como precursor de este debate, Nisbet 1959). Obviamente, estos autores no postulan el fin de la desigualdad social; lo que proponen más bien es un declive en la capacidad heurística del análisis de clase y la supuesta coincidencia entre estructura, conciencia y acción para explicar los procesos sociales y políticos en las sociedades postescasez.

Las reacciones a la tesis de la "muerte de la clase", sin embargo, no se dejaron esperar, pues muchos analistas siguen defendiendo el concepto en alusión a la persistencia de graves desigualdades en las oportunidades de vida. Pero aún estos autores, o al menos la mayoría de ellos, reconocen que la clase ya no es el único factor que determina la estratificación social, sino que es necesario ver las maneras como ella se fusiona con las otras identidades sociales como el género, la etnicidad, la raza o la religión —lo que las feministas llaman *interseccionalidad* (McCall 2001, Thornton Dill y Zambrano 2009). John Scott, por ejemplo, es un tenaz defensor del concepto de la clase, pero reconoce que su importancia en la vida social no siempre es perceptible a primera vista:

> Las graves desigualdades en las oportunidades de vida basadas en la distribución de la propiedad y las oportunidades de empleo siguen persistiendo. Estas desigualdades de ingresos y activos se reflejan en una amplia gama de posibilidades de la vida material: el peso al nacer, la mortalidad infantil, la esperanza de vida, invalidez, enfermedades graves, vivienda, educación, victimización en la delincuencia y muchas otras factores son perfilados, principalmente, por situaciones de clase. *Estas no son simplemente desigualdades económicas*; son diferencias en oportunidades de vida socialmente estructuradas que a menudo tienen sus efectos "a espaldas" de las personas y que no necesariamente se ven reflejadas en su conciencia social o en los significados culturales que les dan a sus vidas. *Las relaciones de clase tienen un efecto causal sobre sus vidas, a pesar de que no necesariamente se articulan en términos de clase* (Scott 2001: 141; cursivas nuestras).[22]

---

22. En un argumento similar, la antropóloga Sherry Ortner sostiene que en los Estados Unidos de América "la raza y la etnicidad son en realidad posiciones cripto-clasistas", detrás de las cuales se "esconde" la clase, la cual, por tanto, requiere más "arqueología intelectual" (Ortner 2006: 72, 76).

Se muestran así las múltiples dimensiones de la desigualdad "sociológicamente relevante" en las sociedades capitalistas contemporáneas: una mezcla compleja de manifestaciones de clase con identidades particulares, a veces atomizadas. Por ello, Beck habla del "final de la sociedad tradicional de grupos grandes" (Beck 1998, cap. 3.3), lo cual incluye explícitamente el abandono de las clases sociales entendidas como conjuntos extensos y socialmente integrados.

Es en este contexto que Weeden y Grusky (2005) sugieren remplazar el concepto abstracto de las "clases grandes" por un concepto empírico de "clases a nivel micro" ("*microlevel classes*") que consisten de "ocupaciones detalladas", pues, según estos autores, "las ocupaciones son más propensas que las clases grandes para mostrar evidencia de cierre social, acción colectiva, conciencia de clase y otras características grupales que los analistas normalmente consideran para definir las clases" (Weeden y Grusky 2005: 4). Los "esquemas de clases grandes", incluyendo los grupos profesionales de Goldthorpe y sus colaboradores, en cambio, serían incapaces de considerar adecuadamente la asociación entre una profesión específica, las oportunidades de vida, la conducta política y el comportamiento social.

La propuesta de Weeden y Grusky fue a su vez criticada por Alejandro Portes, para quien "bajando la definición de clase social al nivel de ocupaciones específicas elimina la *raison d'être* del concepto, pues se pierde en un caleidoscopio de infinitas identidades e inquietudes profesionales con un bajo nivel de abstracción" (Portes 2010: 72). El mismo Portes (2010: 72) trata de "ordenar el caos empírico" identificando un conjunto de fenómenos económicos y sociales que le permiten elaborar una categorización donde la clase social funciona como "tipo ideal de rango medio". Según su modelo, la estructura de clase latinoamericana en la época neoliberal está compuesta por capitalistas, ejecutivos, trabajadores de élite, la pequeña burguesía, el proletariado no manual formal, el proletariado manual formal y el proletariado informal (Portes 2010: 104-105; véase también Portes y Hoffman 2003).

Para concluir esta parte: lo que queríamos demostrar con este pequeño recorrido a través de la teoría social (aún sin tener espacio para abarcar siquiera someramente todos los debates) es cómo el análisis de la clase social desde la sociología (y, en medida mucho menor, la antropología, que recién está acercándose al tema después de su romance con el posmodernismo que la había lanzado hacia la "descripción sin análisis"; Carrier 2015: 39) terminó produciendo un panorama sumamente complejo y por momentos discordante. Sin embargo, se pueden identificar fácilmente algunos aspectos compartidos que distinguen el enfoque sociológico del discurso economicista sobre la "nueva clase media", y que son resumidos cabalmente por McNall, Levine y Fantasia: "La clase tiene un componente objetivo y subjetivo, es un proceso, se define en oposición a otros procesos de clase, y es históricamente contingente" (1991: 4).

Definir la clase únicamente a través de niveles mensurables en dólares o euros –es decir reducirla a una categoría netamente descriptiva y nominal– significa despojarla de su componente social y político, sin preocuparse por las relaciones sociales subyacentes y las causantes de la desigualdad que, después de todo, se manifiestan en una estructura de clases:

> El énfasis unilateral en los ingresos distrae la atención de las condiciones estructurales y de las relaciones de poder en las cuales se basan. De esta manera se aglomeran a personas que deben su subsistencia a circunstancias totalmente diferentes, pero que tienen un ingreso igual. Eso puede servir para la evaluación de su capacidad de consumo, pero no para el análisis sociológico de su respectiva posición dentro de la estructura de la desigualdad material y las respectivas oportunidades de vida y de acción (Kreckel 2004: 110).

Las teorías sociológicas –por más controvertidas que sean–, en cambio, se caracterizan precisamente por eso: por su interés en identificar las *determinantes* de la desigualdad y, a partir de ello, analizar la acción social. Es en este aspecto donde se sitúa nuestra principal crítica al discurso de la "nueva clase media", el cual, a nuestro juicio, cumple una función ideológica, en el sentido de producir "significado en el servicio del poder" (Thompson 1984: 132). A diferencia de la pirámide, la cual (siendo también una simplificación "interesada") enfatiza la desigualdad –acompañada a menudo por una demanda de mayor justicia social y por lo tanto de un *cambio*–, el "rombo" transmite la idea que este cambio es obsoleto dado que sus objetivos ya son realidad. Si el funcionalismo liberal trató todavía de justificar la desigualdad social (Davis y Moore 2001[1945]),[23] el discurso neoliberal del "rombo" la niega. Es una versión extrema del "viejo truco capitalista de distraer la atención del tema de la justicia hacia la cuestión de la eficiencia económica" (Bolz 2009: 7).

La clase media: ¿existe?

> "El principal desasosiego en el trabajo sobre la estructura de clases en las sociedades capitalistas avanzadas ha sido el 'estorbo de las clases medias'".[24]

En medio de los debates resumidos brevemente en el acápite anterior, las clases medias han sido un elemento particularmente

23. Según la teoría funcionalista, las posiciones más importantes en una sociedad requieren de habilidades especiales, lo cual significa que las personas capaces de ocuparlas son escasas. Para "convencer" a los más hábiles se les ofrece recompensas altas; la estratificación social representa así una necesidad funcional para el beneficio de la sociedad en su conjunto.

24. Wright (1985: 13).

intrincado, "uno de los temas más complicados en la sociología contemporánea" (Abercrombie y Urry 1983: 1). Franco, Hopenhayn y León, de la Comisión Económica para América Latina y el Caribe (CEPAL), resumen lo que ellos consideran las principales causas de estos aprietos:

i) La pluralidad o ausencia de definiciones, que conduce a imputar atributos a grupos equivocados.
ii) La hipérbole conceptual, es decir, la extensión a un colectivo difícil de aprehender de las observaciones realizadas respecto de un pequeño grupo que no es representativo del conjunto.
iii) La amalgama, vale decir, la utilización de atributos de distintos grupos para conformar un tipo ideal de clase media (Franco, Hopenhayn y León 2011: 8).

La ciencia social siempre se ha caracterizado por la tendencia a priorizar categorías binarias en el análisis de las estructuras de clase: propietarios y los sin propiedad, explotadores y explotados, poderosos y excluidos. Como bien señalan Savage *et al.* (1992: 1), estos conceptos pueden ser fácilmente empleados en los extremos, pero encuentran problemas cuando se los quiere aplicar a aquellos grupos que no se acomodan al maniqueísmo: los que no son particularmente poderosos ni tampoco están del todo excluidos; que no explotan a nadie pero tampoco son explotados; que sin ser ricos tienen algunas propiedades y están económicamente consolidados. Este es el caso con las clases medias que, justo por el hecho que están en el medio, no encajan fácilmente en los conceptos duales (Savage *et al.* 1992).

Esta ambigüedad, a su vez, hizo que las pugnas intelectuales en torno a las clases medias a menudo cargaran un interés político; "pocos temas en las ciencias sociales –dice Loïc Wacquant– han demostrado ser más persistentes y más fuertemente coloreados por compromisos ideológicos y el contexto político" (Wacquant 1991: 39). Son conocidas las dificultades de la teoría marxista para ubicar la clase media (o la "pequeña burguesía") en su esquema bipolar, pues "¿cómo puede uno admitir su existencia como clase real 'en el medio' y a la vez insistir en el rol determinante de la lucha entre el capital y el trabajo?" (Abercrombie, Turner y Urry 1976: 518). De hecho, la misión histórica que el marxismo ortodoxo otorgó a los obreros no dejó espacio para estratos intermedios que tarde o temprano serían absorbidos por el proletariado.[25] Algunos autores marxistas mantenían esta posición durante la revitalización de los debates sobre la clase social a partir de los años setenta del siglo pasado. Harry Braverman[26] (1998 [1974]), por ejemplo, argumentaba que el capital monopolista tiende a "des-habilitar" (*deskill*) el trabajo a través de la fragmentación de la producción, con la consecuencia de que las ocupaciones de "cuellos blancos" bajarían al nivel de los obreros y la clase media pierde gran parte de las particularidades que la distinguen del proletariado. Poulantzas, a su vez, tiende a reconocer la existencia de una clase media, pero la divide en fracciones para luego distribuirlas de acuerdo con la contradicción de las clases principales en el capitalismo: "se podría establecer que la fracción de asalariados no-productivos de la pequeña burguesía están más cercanos a la clase trabajadora que la fracción de la pequeña burguesía tradicional" (Poulantzas 2008 [1973]: 199). El economista

25. "Pequeños industriales, comerciantes y renteros, artesanos y labradores, toda la escala inferior de las clases medias de otro tiempo, caen en el proletariado: de una parte, porque sus pequeños capitales no les permiten emplear los procedimientos de la gran industria y sucumben en la concurrencia con los grandes capitalistas; de otra parte, porque su habilidad técnica es anulada por los nuevos modos de producción. De suerte que el proletariado se recluta en todas las clases de la población" (Marx y Engels 1848). Esta postura, sin embargo, fue rechazada por los "revisionistas" (Burris 1986).

26. Braverman fue editor de la revista marxista *Monthly Review*.

marxista italiano Guglielmo Carchedi interpreta el rol de las clases medias como subordinadas a los intereses del capital, en particular mediante la supervisión del trabajo (Carchedi 1975). Se manifiesta así una visión que percibe a la clase media como

> [...] clase "teniente" que realiza ciertas funciones para otras clases o grupos. Por lo tanto, sus miembros no tienen importancia por derecho propio, sino solo como delegados de otros. Tal perspectiva paraliza desde el principio cualquier investigación seria sobre la naturaleza de las clases medias (Savage *et al.* 1992: 4).

La sociología norteamericana, más en la tradición de Max Weber, también le restó "derecho propio" a la clase media. En su estudio sobre los "cuellos blancos", C. Wright Mills describe la expansión de estos sectores sociales como producto de la creciente burocratización después de la Segunda Guerra Mundial, la cual habría generado "la necesidad de muchos hombres y mujeres para planificar, coordinar y administrar las nuevas rutinas" (Mills 1951: 69). Surge así un ejército de pequeños empleados —la "nueva clase media" de Mills— "segregados por gradaciones de rango minúsculas y al mismo tiempo sujetos a una fragmentación de destrezas" (1951: 254). Esta fragmentación obstaculiza la formación de "símbolos comunes de lealtad, demandas o esperanzas" (1951: 351) y hace una política de clase media prácticamente imposible: "Nada en sus experiencias laborales directas impulsa a la gente de cuello blanco hacia las organizaciones políticas autónomas. Los bríos sociales para tales movimientos, si es que se producen, no se producirán entre estos estratos" (1951: 352).

Políticamente indiferentes y pasivas, las clases medias se adhieren a cualquier corriente política que tenga posibilidades para ganar (1951: 353). Al igual que los autores marxistas, Mills no considera a sus integrantes como actores autónomos en un proceso social.

Es a partir del surgimiento de las sociedades de bienestar en los países avanzados y el incremento de la calidad de vida de gran parte de la población que se empezó a considerar a la clase media como "una sola clase social, con todas sus características y detalles" (Gayo 2013a: 815). Esta tendencia se refuerza a partir de los años ochenta y sobre todo los noventa, cuando los sectores medios se convierten en uno de los principales objetos para estudiar los impactos de la globalización, los efectos de las crisis económicas en América Latina y Asia, o el *outsourcing* del trabajo hacia países con salarios bajos (Heiman, Liechty y Freeman 2012: 4).[27]

A pesar de la considerable atención académica que se les ha brindado desde entonces y la voluminosa bibliografía que se ha producido sobre el tema, la(s) clase(s) media(s) nunca se han liberado de ambigüedades conceptuales y epistemológicas, debido, precisamente a las dificultades de establecer límites precisos para su determinación —límites entendidos como "formas objetivadas de las diferencias sociales que se manifiestan en el acceso y la distribución desigual de recursos (materiales e inmateriales) y oportunidades sociales" (Lamont y Molnár 2002: 168). Varios autores han señalado que su vaguedad conceptual y empírica no permite analizar a la clase media en un nivel teórico abstracto, sino que se la debe abordar a través del análisis histórico (Wacquant 1991: 39-40, Gayo 2013b). Otros, en cambio, apuntan precisamente a la ausencia de una experiencia histórica compartida para negarle validez al concepto de la clase media:

> [Los trabajadores y empresarios] exploraron formas de resistencia en común, organizaron sindicatos, desarrollaron ideas políticas propias

27. Alrededor del cambio de siglo la clase media fue el tema de algunas publicaciones importantes en el Perú (véase Portocarrero 1998, Gamero y Zeballos 2003 y algunos artículos sueltos de David Parker que están en la bibliografía).

> y, finalmente, una identidad, expresada en símbolos, vocabularios, mitos, rituales, etc., por la que se reconocían iguales entre sí y diferentes a las personas de clases más altas. Es decir, reconocemos a los trabajadores o empresarios como "clases" desde el momento en que podemos encontrar, de ellas, indicios de una existencia empírica que no se deriva meramente de la presencia de personas con determinado tipo de ocupaciones.
>
> ¿Cuál sería, por comparación, la consistencia material e histórica de la clase media? [...] Sería el territorio intermedio que queda entre la región propia de la clase alta y la que le corresponde a la clase baja. "Clase media" funciona así, con frecuencia, como una categoría puramente residual. Y en ese sentido, cabe la pregunta: ¿qué elementos permiten afirmar que toda esa numerosa zona de la sociedad conforma una clase? ¿No podría ser el caso que sus miembros se agruparan como dos o tres clases diferentes, o que no se agruparan como clase en absoluto? (Adamovsky 2013: 40-41).[28]

Muchos otros autores, sin embargo, perciben en estos estratos elementos distintivos que sí permiten distinguirlos como clase social. Giddens, por ejemplo, sostiene que la estructura de clases en las sociedades avanzadas se apoya en tres tipos de "cierres de movilidad social": la propiedad de los medios de producción, que define a la clase superior; la posesión de fuerza de trabajo manual, que forma la clase trabajadora; y la posesión de cualificaciones educativas o técnicas, que produce la clase media (Giddens 1973). El argumento más mencionado en la literatura reciente, sin embargo, se refiere al

28. Esta posición no es novedad. En su influyente libro sobre la creciente importancia de los estratos medios en América Latina durante la primera mitad del siglo pasado, John J. Johnson señala que "claramente, los sectores medios son cualquier cosa menos una capa social compacta. No cumplen las condiciones básicas de una clase: sus miembros no tienen un trasfondo o una experiencia común. Por el contrario: entre ellos se encuentran representantes de casi todo el espectro cultural y económico" (Johnson 1958: 3). Es por ello que Johnson prefiere el término "sectores medios".

hecho de que los trabajadores de "cuello blanco", a pesar de tener ingresos equivalentes y a veces hasta inferiores que los trabajadores manuales, habían desarrollado estilos de vida distintos e "ideologías ocupacionales que enfatizan la autonomía y la independencia" (Wacquant 1991: 42). Un excelente ejemplo para acreditar estas afirmaciones sobre la constitución "ideológica" medioclasista serían los trabajos de David Parker sobre la historia de la clase media peruana, que se distinguió del "pueblo" no tanto por sus ingresos, sino por los patrones de consumo, tratando de emular a las clases altas y "llevar, a todo costo, un estilo de vida conforme a las pautas tradicionales de decencia" (Parker 1995: 182).[29] La fortuna, en cambio, "debido a que tiene por definición un carácter transitorio y no innato, jamás podía determinar el status del hombre" (1995: 165).

> Aunque sin dinero y viviendo en condiciones miserables, las mujeres [...] reunían los requisitos de decencia porque eran blancas, educadas y, sobre todo, de apellidos conocidos. "Clase media", entonces, parecía una descripción apta –según las reglas vigentes de estratificación social– para estas personas [...] (Parker 1995: 166).

Vemos entonces cómo los debates en las ciencias sociales sobre si los sectores medios constituyen una clase social o no están lejos todavía de ser resueltos. Donde sí hay coincidencia, una vez más, es en la convicción de que el ingreso monetario, sin dejar de ser

---

29. Lo mismo fue observado por Basadre: "[Su] tragedia derivó de su heroico esfuerzo para acercarse a la aristocracia y diferenciarse de la masa obrera o artesanal. Estuvo condenada al estilo de vida y a los ritos sociales en el vestir y en el presentarse, constantemente superiores a sus posibilidades efectivas. [...] Fue la suya una vida de íntimas tragedias, cuidadosamente ocultadas" (Jorge Basadre: "La aristocracia y las clases medias civiles en el Perú republicano", en *Mercurio Peruano*, n.º 437-440, septiembre-diciembre 1963, pp. 466-467; citado en Parker 1995: 182).

importante,[30] es un elemento más entre varios.[31] Definiciones sociológicas de la clase media enfatizan, aparte del elemento pecuniario, factores como hábitos de consumo, estilos de vida[32] o el "capital cultural". Las diferencias en los enfoques se derivan en última instancia de los criterios que cada autor aplica para definir una clase social; y estos criterios a su vez dependen de lo que uno se propone analizar y explicar (Portes 2010: 79). Donde sí existe consenso es en la presentación de un panorama complejo, atravesado por lo que Omar Pereyra (2016) llama "fronteras simbólicas".

Es en este aspecto, insistimos, donde se evidencia una enorme limitación hermenéutica del discurso de la "nueva clase media global", pues lo único que logra demostrar con su definición monista, asumiendo que sus cálculos numéricos son correctos, es que una mayor cantidad de personas en el mundo dispone de más dinero. Lo demás es especulación, sobre todo sus afirmaciones sobre el rol sociopolítico de esta "clase". "La medida de la cartera —observó Marx hace ya más de siglo y medio— es una diferencia puramente cuantitativa, por la cual se puede siempre lanzar a uno contra otro, a dos individuos de la misma clase" (Marx 1847b).

En la vida real, la "clase media" encierra estratos sociales muy heterogéneos y no tiene sentido tratarla como bloque uniforme

---

30. "[...] el ingreso es importante no solo porque permite fijar el nivel económico correspondiente a cada estrato, sino también porque es una variable sustitutiva (proxy) de la capacidad de consumo y del acceso al bienestar de los hogares" (Franco, Hopenhayn y León 2011: 9).

31. En su estudio histórico sobre la clase media peruana, David Parker señala que "una clase media puede definirse a través de los ingresos, la ocupación, la educación, el apellido, el estilo de vida, hasta la raza" (Parker 1998: 20).

32. Estilos de vida que no necesariamente son los mismos que propone Rolando Arellano (2010), quien, desde la perspectiva del marketing, desarrolla una manera de psicogramas de posibles *compradores* de acuerdo con su personalidad.

respecto de sus actitudes ante los retos de la vida, sus valores y, por supuesto, de sus preferencias y posturas sociopolíticas. Para acercarnos a un retrato más fehaciente de la "nueva clase media" peruana, entonces, no es suficiente conocer el nivel de sus ingresos. Más prometedor nos parece un enfoque que contemple la formación de grupos sociales jerarquizados a través de la interacción en relaciones sociales. Trataremos de demostrarlo con una herramienta analítica tomada de la ciencia social clásica: el *cierre social*.

"Se reserva el derecho de admisión": el cierre social

El cierre social es un concepto cuyos orígenes se remontan a la distinción entre relaciones sociales *abiertas* y *cerradas* de Max Weber. Según el sociólogo alemán, una relación es abierta cuando no se le niega el acceso a nadie, mientras la participación en relaciones cerradas es limitada.

> Una relación social (lo mismo si es de "comunidad" como de "sociedad") se llama "abierta" al exterior cuando y en la medida en que la participación en la acción social recíproca que, según su sentido, la constituye, no se encuentra negada por los ordenamientos que rigen esa relación a nadie que lo pretenda y esté en situación real de poder tornar parte en ella. Por el contrario, llámase "cerrada" al exterior cuando y en la medida en que aquella participación resulte excluida, limitada o sometida a condiciones por el sentido de la acción o por los ordenamientos que la rigen (Weber 2002 [1922]: 35).

Acá nos interesan las relaciones cerradas, pues el "cierre social" se refiere a las estrategias que los grupos sociales utilizan con el objetivo de impedir —o al menos restringir— el acceso de posibles contendientes a las "probabilidades económicas" (Weber 2002: 276); es decir, adquirir el monopolio sobre un determinado bien (por lo general, pero no exclusivamente económico) mediante mecanismos de exclusión. Weber (2002: 36) distingue diferentes formas de relaciones cerradas:

a) Cerradas en virtud de la *tradición* suelen ser aquellas comunidades la participación en las cuales se funda en relaciones familiares.
b) Cerradas por *razones afectivas* suelen ser las relaciones personales fundadas en sentimientos (eróticos o —con frecuencia— de piedad).
e) Cerrados (relativamente) en virtud de una *actividad racional con arreglo a valores* suelen ser las comunidades de fe de carácter estricto.
d) Cerradas en virtud de *una actividad racional con arreglo a fines* suelen ser típicamente las "asociaciones" económicas de carácter monopolista o plutocrático.

En nuestro trabajo nos concentramos principalmente en las primeras (extendiendo las relaciones familiares a coétnicas y de paisanaje) y las últimas, pues son ellas las que más intervienen en el mercado y la vida política, y por lo tanto terminan generando constelaciones del orden social.

Para definir quiénes son los excluidos, los grupos recurren a "algún carácter exteriormente comprobable de los competidores" (Weber 2002: 276) cuya selección depende de la situación específica y de cierto modo es arbitraria: puede ser la raza, el idioma, la religión, el lugar del nacimiento o el domicilio. De esta manera se forman

> [...] agrupaciones monopolistas, cerradas hacia fuera, como, por ejemplo, las "comunidades" de pescadores para ciertas aguas, cuyos miembros se califican por su procedencia, o una "asociación de ingenieros diplomados" con el fin de asegurar un monopolio de hecho o de derecho respecto a ciertos puestos con exclusión de los no diplomados (Weber 2002).

Weber admite la posibilidad de exclusiones *parciales* o *limitadas*, y abre así el análisis para niveles diferenciados de inclusión y exclusión social:

> El grado y los medios de regulación y cierre hacia fuera pueden ser muy diversos, de tal manera que el tránsito de lo abierto a lo regulado y cerrado es fluido: pruebas de admisión y noviciados; adquisición del título, condicionadamente enajenable, de miembro; *ballotage* para cada admisión; pertenencia o admisión por nacimiento (herencia) o en virtud de participación libre en ciertos servicios; o —en caso de apropiación y cierre de carácter interno— mediante la adquisición de un derecho apropiado; encontrándose las más diversas gradaciones en las condiciones de la participación. "Regulación" y "hermetismo" frente al exterior son, pues, conceptos relativos (Weber 2002: 36).

Con todo, en Weber la elaboración del cierre social quedó un tanto amorfa y no fue relacionada sistemáticamente con el análisis de la estructura social. Quizás esa sea la razón por la que el concepto permaneció en el olvido por varias décadas (Murphy 1988, capítulo 2), y recién fue revalorizado en los años setenta por un grupo de sociólogos británicos. Comprometidos con el estudio de la estratificación y movilidad social, pero no convencidos de los postulados marxistas y foucauldianos que dominaban los discursos sociológicos de la época, presentaron un enfoque "neo-weberiano" (Alexander 2005). El teórico más importante de este grupo era Frank Parkin.

En su "crítica burguesa" a la teoría marxista de la clase social, Parkin sostiene que la estratificación social de las sociedades modernas no se deja entender limitándose a la relación entre capital y trabajo. Habría que considerar también la pertenencia a comunidades étnicas, raciales, lingüísticas o religiosas (Parkin 1979), así como contradicciones intraclasistas (Parkin 1974). En todos los contextos y estratos sociales existen actores que aplican maniobras estratégicas con la intención de monopolizar recursos, privilegios, poder o prestigio en desmedro de otros grupos, tal como lo propone la noción weberiana del cierre social.

Sin embargo, la aplicación del concepto a las sociedades capitalistas del siglo XX tardío requería una revisión de las declaraciones de Weber en varios aspectos importantes. Desarrollando el concepto, Parkin distingue dos formas del cierre social: la exclusión y el solidarismo. La primera (que coincide todavía plenamente con Weber) se refiere a la restricción del acceso a recursos importantes, como por ejemplo la tierra o ciertos conocimientos, a un círculo limitado de "elegidos"; el segundo (y eso sería un agregado de Parkin) denomina las estrategias de "usurpación" que aplican los competidores para defenderse y evitar que la exclusión sea completa. Un ejemplo, según Parkin, serían los sindicatos que los trabajadores organizan para atenuar su explotación, lo cual significa que ciertas prácticas de "usurpación" pueden tener efectos incluyentes y generar más justicia social (Alexander 2005). En resumen, en Parkin la *exclusión* se ejerce desde arriba hacia abajo con el objetivo de subordinar a otros grupos sociales excluyéndolos de determinados recursos; y la *usurpación* desde abajo hacia arriba a través de la resistencia colectiva a la exclusión.

Otra innovación de Parkin es el *cierre dual*, que se refiere al hecho de que los grupos excluidos pueden aplicar a su vez mecanismos de exclusión contra otros conjuntos; el concepto permite así analizar conflictos en el interior de las "grandes" clases sociales, supuestamente homogéneas. Parkin menciona el caso de los obreros blancos en Sudáfrica durante el *apartheid*, quienes, si bien explotados ellos mismos, se beneficiaban de la "super-explotación" (Parkin 1979: 94) de los trabajadores negros a través de su apoyo al Estado y ciertos privilegios económicos que recibían a cambio. La clase obrera blanca es así considerada como "parte integral del grupo racial explotador que políticamente no se distinguía de la burguesía blanca" (1979:

36); para Parkin, eso fue motivo suficiente para incluirla también a la clase dominante: "Los trabajadores industriales blancos en Sudáfrica deben considerarse como parte de la clase dominante en virtud del hecho de que la exclusión es su principal modo de operación y la fuente de sus privilegios" (Parkin 1979: 94).

Las contradicciones entre trabajadores blancos y negros –un ejemplo análogo basado no en la raza, sino en la religión, serían los protestantes y católicos en Ulster (Irlanda del Norte)– le sirvieron a Parkin de molde para elaborar su propia teoría de las clases sociales, las cuales no serían expresión de la situación en el proceso productivo, sino que se forman mediante prácticas de cierre:

> [El caso de los obreros blancos y negros] ilustra muy bien el punto de que el estatus de trabajador industrial no es sinónimo de formar parte de la clase subordinada, aunque normalmente por supuesto es el caso. *No es la posición de un grupo en la división del trabajo o en el proceso productivo lo que determina su ubicación de clase, sino el modo primario del cierre social* (Parkin 1979: 94; cursivas nuestras).

Son estas prácticas de cierre las que "determinan el carácter general del sistema distributivo" (Parkin 1979: 44) y, por lo tanto, la estructura de clases de la sociedad. Diferentes mecanismos de cierre generan diferentes tipos de clase: *clases de nominación* son el resultado de estrategias individuales y *clases de reproducción*, de estrategias colectivas basadas en "linaje, color, religión, lengua o lo que sea" (Parkin 1974: 6). Parkin opone así al marxismo estructuralista un modelo *procesual* de la clase social, cuyo criterio definitorio es la "acción colectiva" (1974: 113) que mantiene las demarcaciones sociales en un estado de flujo: "El concepto del cierre se refiere a las características procesuales de clase y dirige la atención a los principios que sustentan la formación de la clase. Este énfasis procesual da reconocimiento a la fluidez de las constelaciones de clase" (Parkin 1974: 12).

Esta insistencia en la fluidez es el factor que —aparte de la calificación de los obreros blancos como parte de la clase dominante; está demás señalar que le costó críticas demoledoras de autores marxistas— más objeciones le ha costado a la teoría de clase de Parkin. Según Murphy es "uno de los puntos más débiles en su, por lo demás excelente, contribución a la teoría social" (1986: 27), pues la mirada exclusiva a la acción pierde de vista las estructuras y "la naturaleza de la situación objetiva" (1986: 250; véase también Barbalet 1982, 1986). Giddens, en una reseña del libro de Parkin, llega a conclusiones similares y ubica el cierre social en el ámbito de la "estructuración":

> La reformulación de la formación de clases como cierre social, la idea central del argumento de Parkin, debe ser rechazada. Ello por supuesto no significa que la noción del cierre social no tenga interés para la teoría de la clase; me parece que es una idea necesaria para lo que en otro lugar he llamado "estructuración de clase" (Giddens 1980: 888).

Más allá de estas críticas al concepto de la clase, que compartimos, es necesario para nuestros propósitos considerar algunos agregados al concepto de cierre social de Parkin que fueron introducidos por el sociólogo canadiense Raymond Murphy. Uno de ellos es lo que podríamos llamar el *cierre horizontal*. Parkin entiende las formas del cierre —exclusión y solidarismo/usurpación— en términos verticales; sin embargo, como bien señala Murphy (1988: 62, nota 6), la exclusión no solo se practica hacia abajo, sino también entre miembros de estratos parejos. En la parte empírica de nuestro trabajo veremos que este caso se da entre los migrantes en Lima.

Otro aspecto a tomar en cuenta es la interacción suplementaria entre diferentes modos de exclusión, quizás la contribución más importante de Raymond Murphy a la teoría del cierre social (véase Murphy 1988, cap. 4). Murphy distingue entre formas *primarias, derivadas y contingentes* de exclusión, cuya correlación depende de la constelación específica de cada sociedad. Cuando del cierre de primer orden (digamos aquellos basados en la propiedad privada, que según Murphy es la forma primaria sobresaliente en sociedades capitalistas) nacen otras formas de exclusión (por ejemplo la negación de acceso a determinados puestos de trabajo o sueldos inferiores para las mujeres, lo cual es posible gracias a la discrecionalidad de las empresas privadas garantizada por el Estado), entonces los mecanismos del cierre social se refuerzan mutuamente de forma acumulativa (en este caso para desventaja de las mujeres trabajadoras). Un marco conceptual así ampliado, que considere la interacción jerarquizada entre diferentes formas del cierre, permitiría, en palabras de Murphy, llegar "a la base de la dominación y de la lucha" (1988: 81).

Resumiendo, el concepto del cierre social —presentado inicialmente por Max Weber y extendido, después de un prolongado olvido, hacia una teoría social con peso propio sobre todo por Frank Parkin y Raymond Murphy— es una herramienta que nos parece útil para analizar los procesos de formación de grupos sociales (dejemos ahí por ahora si son clases o no) mediante mecanismos de exclusión, sin perder de vista las discrepancias y conflictos que pueden presentarse en el interior de las clases "grandes", supuestamente homogéneas, permitiendo así elaborar mapas sociales más finos. En cuanto a su perfil teórico, el cierre social se ubicaría en un perímetro que Robert K. Merton (1968) definió como "teorías de rango medio": teorías que se caracterizan por un conjunto de ideas relativamente simples, aptas para guiar estudios empíricos sin pretender ser teorías exhaustivas, pero lo suficientemente abstractas como para ser aplicadas en diferentes ámbitos de conducta social (Mackert 2004).

Pero hay que reconocer también sus limitaciones, pues si bien el cierre permite demostrar *cómo* determinados grupos logran obtener una posición de clase media, no ofrece criterios que expliquen el *porqué* del éxito de estos grupos. "¿Por qué los doctores normalmente son capaces de realizar una lucha efectiva para cerrar su profesión contra *outsiders*, mientras los maestros de escuela, por ejemplo, no lo son?" (Savage *et al.* 1992: 4). Para responder estas preguntas se necesitarían estudios históricos. Aceptamos esta limitación; confiamos estar aun así en condiciones de proporcionar un avance metodológico hacia un perfil más detallado y pertinente de la estructura social del "Perú de ingreso medio".

Segunda parte

La nueva clase media en el Perú

Por las razones expuestas en la primera parte, el enfoque del cierre social nos parece una herramienta particularmente útil para analizar la formación de la "nueva clase media" en el Perú. Tiene ventajas en comparación con las "grandes" teorías sociológicas de la clase social, pues permite un análisis más refinado de los factores que terminan regulando la estratificación; y, en este sentido, es especialmente apto para el estudio de estratos sociales altamente heterogéneos.

En esta segunda parte queremos someter el concepto a un examen empírico que nos debería dar una idea sobre quiénes forman la "nueva clase media" en el Perú, de qué mecanismos de exclusión o solidarismo/usurpación se apropian y qué criterios sociales representan. Con tal objetivo hemos optado por realizar dos pequeños estudios empíricos que exploran el funcionamiento de lo que según la literatura han sido dos de los mecanismos principales de conformación de estos sectores sociales emergentes.

El primero de estos estudios busca determinar la manera en la que se redibujan las dinámicas de exclusión y distinción social a partir del acceso masivo a credenciales universitarias —fenómeno que en sociología se conoce como *credencialismo*—. Para dar respuesta a esta pregunta, era necesario (a) identificar el rol atribuido al título universitario, (b) conocer las posibilidades y barreras para la inserción en el mercado laboral y (c) conocer las estrategias utilizadas por los egresados de diferentes tipos de universidades para ubicarse en el mercado laboral.

Para cumplir con estos objetivos, la metodología privilegiada fue de naturaleza cualitativa; es decir, estuvo fuertemente sustentada por entrevistas individuales y colectivas con estudiantes, para conocer sus expectativas y experiencias, y egresados universitarios, para conocer su trayectoria tras el egreso. Se tomó en cuenta también el seguimiento de los procesos de búsqueda de empleo en el caso de aquellos entrevistados que se encontraban desempleados, así como la revisión de datos cuantitativos provenientes del censo universitario y otros estudios de mercado.

Decidimos centrarnos en el seguimiento de estudiantes y egresados de la carrera profesional de Administración (con todas sus menciones y especializaciones), que congrega hoy en día al mayor número de estudiantes a escala nacional (INEI 2011), y que es, además, la carrera más demandada por los empleadores peruanos.[1] Administración, a diferencia de las Humanidades, las Ingenierías o la Medicina, es además un programa de pregrado ofrecido por la mayoría de instituciones de educación superior en el país, lo cual hizo más sencilla la comparación entre las trayectorias de estudiantes y egresados de diversas universidades. Finalmente, la investigación supuso la consulta a dos tipos de especialistas: reclutadores de recursos humanos de grandes empresas y administradores que trabajan en mundo académico y conocen de la historia de la disciplina en el país. En total empleamos un promedio de 25 entrevistas en profundidad, la mayoría individuales y unas cuantas colectivas.

---

1. Véase "Las 10 profesiones más pedidas por las empresas en el 2015". Disponible en: <http://elcomercio.pe/economia/peru/10-profesiones-mas-pedidas-empresas-2015-noticia-184875>.

Nuestro segundo ejemplo son migrantes del interior del país en Lima que han logrado abrirse importantes nichos económicos a través de sus redes familiares y de paisanaje. En este caso se hará solo un resumen analítico de la bibliografía sobre este tema, recurriendo principalmente a estudios sobre los "otros empresarios" y "economías étnicas" para darles una interpretación desde el enfoque del cierre social.

Educación superior y formación de la nueva clase media en el Perú

Advertencias sobre el credencialismo

> "El que no tiene su diploma de primaria, cuando todos tienen primaria, quedará excluido del mercado laboral. Pero con el tiempo, los umbrales de exclusión van subiendo. La diferenciación en el mercado laboral exige el diploma de secundaria. El que no tiene diploma de secundaria, cuando todos tienen secundaria, quedará excluido del mercado laboral, y así sucesivamente. El efecto es que la demanda por más años de este tipo de educación aumenta".[2]

A lo largo del siglo XX, los países del mundo han experimentado una expansión masiva en el acceso a educación superior. En 1900, solo 500.000 estudiantes a escala mundial se encontraban matriculados en algún programa postsecundario, representando apenas el 1% de la población total en edad universitaria (Schofer y Meyer 2005: 898). Cien años después, el acceso a universidades y otros programas de educación terciaria alcanzó a aproximadamente 100 millones de personas o el 20% de la población entre 18 y 24 años. Si bien la matrícula creció con especial fuerza en los países industrializados —donde según las Normas Internacionales de Clasificación de la Educación (ISCED por sus siglas en inglés) el ratio de cobertura de la

2. Figueroa (2001: 94).

educación superior alcanza hoy casi la mitad de la población mayor de 25 años[3]–, los países en vía de desarrollo también demostraron un crecimiento acelerado de las tasas de acceso a educación superior, siendo Latinoamérica uno de los casos emblemáticos. El Perú, como veremos, no ha sido ajeno a la tendencia global.

Este incremento exponencial de la educación superior es celebrado no solo por los gobiernos y las agencias del desarrollo que hicieron grandes esfuerzos por promoverla, sino también por algunas de las corrientes principales de la ciencia social clásica cuyo interés se centra más que nada en la utilidad económica de las cualificaciones y competencias adquiridas. El funcionalismo, por ejemplo, relaciona la expansión de la oferta educativa con el crecimiento económico y la consecuente industrialización de los países. Según Talcott Parsons (1964, capítulo 6), la expansión de la educación era tan importante para la modernización como la revolución industrial o la democracia. La innovación tecnológica que este proceso trae consigo aumentaría la demanda de mano de obra especializada que debe ser cubierta por un mayor número de egresados de universidades e institutos. Para el individuo, la adquisición de habilidades técnicas mediante la educación permite alcanzar una profesión correspondiente en el mercado de trabajo, lo que a su vez genera estratificación social (Parsons 1939).

De manera similar, la teoría del capital humano que fue propuesta por el Premio Nobel en economía Gary S. Becker (1993 [1964]) define a la educación como un capital intangible que permite a las naciones modernizarse y a sus ciudadanos ubicarse mejor en la estructura productiva. La graduación genera acceso a un puesto de trabajo al profesional, permitiendo beneficios en sueldos, estatus y garantías laborales. La educación superior, por lo tanto,

3. Datos del Unesco Institute for Statistics; véase <http://bit.ly/2h2VheE>.

constituirá una herramienta fundamental para el ascenso social de las personas y para la formación de las clases medias.

Desde comienzos de los años setenta varios autores se dedicaron a cuestionar lo que ellos percibían como desatinos de las teorías funcionalistas. A mediados de aquella década, el sociólogo británico Ronald Dore publicó un controvertido libro que en su momento causó bastante revuelo —dicen que la edición japonesa se agotó antes de llegar a las librerías [Little 1997: 6]— debido a su crítica radical al sistema educativo que había traído consigo la modernización en países tan diferentes como Inglaterra, Japón, Sri Lanka y Kenia. Según Dore, la escuela y la universidad ya no tenían la tarea de *educar* a sus alumnos, sino de prepararlos para el mercado laboral mediante el uso excesivo de exámenes y certificados. Una "escalada de calificaciones" (Dore 1976: 6), cada vez más exigente, habría producido una "escolarización sin educación" —"ritualista, tediosa, impregnada con ansiedad y aburrimiento, destructiva de la curiosidad y la imaginación; en resumen, antieducativa" (1976: ix)—. Las diferencias con una educación que prioriza el conocimiento por su valor propio son profundas:

> En el proceso de calificación [...] los alumnos no se preocupan por la dominación de conocimientos, sino por ser certificados de haberlos dominado. Los conocimientos que están ganando, no los ganan por su propio valor y tampoco para su uso posterior en situaciones de la vida real —sino con el fin de reproducirlos en un examen—. El aprendizaje y su reproducción son solo medios para un fin —el fin de obtener un certificado que les sirva de pasaporte para un trabajo codiciado, un estatus, un ingreso. Si la educación es aprender a *hacer* un trabajo, la calificación es una cuestión de aprender para *conseguir* un trabajo (Dore 1976: 8).

Dore reclama que una escolarización identificada con "la fiebre de diplomas" acondiciona a los alumnos para convertirse en empleados que reciben órdenes, mas no para tomar iniciativas:

> Habrán aprendido las virtudes de la puntualidad, regularidad, trabajo duro, conformidad con el reglamento, la obediencia a las instrucciones de los superiores. Tal vez estas no sean cualidades insignificantes. ¿Pero son las cualidades más requeridas en los miembros de las burocracias administrativas y gerenciales para cumplir la tarea de modernizar su sociedad? ¿Qué hay de la imaginación, la creatividad, la curiosidad y la determinación de llegar al fondo de las cosas, el deseo de hacer un buen trabajo por su propio bien? Estas no son cualidades probables de ser generadas por una dosis prolongada de educación orientada en la calificación (Dore 1976: 11-12).

Los resultados de este proceso son presentados como nocivos no solo para los individuos, sino para la sociedad en su conjunto: se trata de una educación de baja calidad pero demasiado costosa, sobre todo para los gobiernos de los países en vía de desarrollo (Dore 1976: 6-7); se produce así una inflación de credenciales y su consiguiente devaluación, de modo que los títulos académicos "bajan lentamente en la escala de prestigio ocupacional y aumenta la aceptación de empleos con sueldos inferiores" (1976: 6; véase también la cita de Adolfo Figueroa arriba); y en última instancia se genera un círculo vicioso que produce una capa de des- o subempleados con títulos universitarios, pues "paradójicamente, mientras más perniciosa se pone la situación del desempleo educado y mientras más inútiles se vuelven los certificados educativos, más crece la presión para incrementar los establecimientos educacionales" (Dore 1976: 4). El autor resalta el riesgo social implícito en la frustración de estudiantes universitarios ante el probable desempleo, a pesar de sus esfuerzos, y menciona como ejemplo la rebelión de los jóvenes en Sri Lanka en abril 1971. Desde el Perú podríamos agregarle el caso de Sendero Luminoso, quien logró reclutar muchos jóvenes ayacuchanos por esta misma razón (Degregori 1990).

Uno de los temas centrales del libro de Dore —la creciente importancia de los exámenes y diplomas acreditativos para generar monopolios en el mercado laboral— ya había sido adelantado más de medio siglo antes por Max Weber. Según Weber, la importancia de las credenciales universitarias no radicaba en su capacidad para certificar la adquisición de capacidades, sino en su fuerza para legitimar al titular como poseedor de un estatus determinado. En este sentido, el diploma cumplía con la tarea que durante las monarquías cubrieron los títulos nobiliarios. En su obra maestra *Economía y sociedad* el autor señala que

> [...] la burocratización del capitalismo y sus exigencias de técnicos, de empleados, especialistas, etc., se han extendido por todo el mundo. Esta evolución ha sido impulsada ante todo por el prestigio social de los títulos acreditativos adquiridos mediante pruebas especiales y ello tanto más cuanto que han podido transformarse en ventajas económicas. Lo que fue en el pasado la prueba del linaje como base de paridad y de legitimidad y, allí donde la nobleza ha seguido siendo poderosa, como base inclusive de la capacidad de ocupar un cargo oficial, lo es en la actualidad el diploma o título acreditativo. La creación de diplomas concedidos por las Universidades y los Institutos técnicos y comerciales, el clamor por la creación de títulos en todos los sectores en general se hallan al servicio de la formación de una capa privilegiada en los negociados oficiales y en los despachos particulares. Su posesión apoya el derecho al matrimonio con los *honoratiores* (inclusive en los despachos pueden esperarse posibilidades de casarse con la hija del jefe), a ser admitido en el círculo de los que tienen un "código de honor", a una remuneración según el "honor estamental" (honorarios) en vez del salario de acuerdo con el trabajo realizado, al ascenso y a la jubilación y, ante todo, al monopolio de los puestos social y económicamente ventajosos por parte de los aspirantes al diploma. Si en todas las esferas advertimos la exigencia

> de una introducción de pruebas especializadas, ello no debido, naturalmente, a un súbito "deseo de cultura", sino a una aspiración a la limitación de las ofertas de puestos y a su monopolio a favor del poseedor de diplomas acreditativos. Y el "examen" es, en la actualidad, el medio universal de llegar a este monopolio; de ahí su propagación irresistible (Weber 2002 [1922]: 750-751).

Así Weber entiende el diploma como un mecanismo de distinción moderno, utilizado por determinados grupos para monopolizar y controlar el acceso a las posiciones más ventajosas del mercado de trabajo; en otras palabras, empleado como mecanismo de exclusión y jerarquización social: cuando se impone el certificado como requisito para conseguir una determinada posición, entonces el número de posibles candidatos queda artificialmente reducido y a la vez se aumentan, de manera igualmente artificial, los beneficios que esta posición está generando.

Tal como sucedió con el concepto del cierre social, tardarían varias décadas para que la sentencia weberiana sobre el rol de los certificados fuera redescubierta. En este caso fueron algunos sociólogos norteamericanos quienes, aplicando las reflexiones de Weber para la sociedad estadounidense, desarrollaron una teoría social que ahora conocemos como credencialismo. Destaca entre ellos Randall Collins, quien en 1979 publicó *The Credential Society. A Historical Sociology of Education and Stratification*.[4]

Collins coincidiría con Weber al proponer a la educación superior como un mecanismo reproductor de distinciones. Contrariamente a las teorías funcionalistas predominantes de su época, argumenta que la expansión de la educación masiva no es el resultado de la creciente demanda de trabajadores calificados, pues muy poco de lo que se enseña en las escuelas y universidades tiene

---

4. Para una traducción al español, a nuestro juicio no muy lograda, véase Collins 1989.

relevancia real de rendimiento en el empleo y la mayoría de las habilidades ocupacionales son aprendidas en el mismo trabajo.[5] En línea con la argumentación de Weber –y de Dore, aunque aparentemente no conocía su trabajo a pesar de que ambos publicaron sus libros casi al mismo tiempo–, Collins enfatiza que los certificados educativos son buscados principalmente por su rol diferenciador en el mercado de trabajo y no debido a algún interés por aprender algo.

> Parece, pues, que las graduaciones están ligadas al éxito profesional principalmente por la importancia del certificado de graduación académica más que por los conocimientos (a menudo insignificante) que este, por sí mismo, pueda indicar (Collins 1989: 28).

"La educacionocracia –dice Collins– es en su mayor parte palabrería burocrática más que un productor de auténticas destrezas técnicas" (1989: 13-14). En lugar de priorizar la adquisición de conocimientos y habilidades, las instituciones de educación pública norteamericanas se habrían convertido en una clave difusora de *valores y hábitos* a través, fundamentalmente, de actividades no académicas. La promoción de deportes en la universidad, por ejemplo, habría contribuido al desarrollo de una cultura de disciplina. Asimismo, las reformas educativas "progresistas" estuvieron encaminadas al desarrollo de veredictos "altamente idealizados acerca del sistema político americano" (Collins 1989: 26). De este modo, más allá de asegurar la capacitación en habilidades laborales concretas, la educación pública estaría destinada a moldear estilos de vida y prácticas que aseguren la reproducción de determinados grupos de estatus.

---

5. En su estudio sobre la historia del credencialismo en Estados Unidos, David K. Brown encontró que "en la mayoría de los casos, el requisito de la formación profesional superior *precedía* a los cambios en las complejidades técnicas" (David K. Brown 1995: 27; cursivas nuestras). Las universidades religiosas limitaron de esta manera el acceso.

De esta manera, las clases sociales educadas funcionan como un "grupo étnico suplente (*surrogate ethnic group*)" (Collins 1975: 87), estableciendo requisitos para conseguir empleo que son favorables para ellos mismos y que discriminan a aquellos que no comparten sus códigos culturales.

> El contenido de la educación en las escuelas públicas ha versado especialmente en una suerte de cultura de clase media más que en materias académicas "per se". [...] En suma, lo que se aprende en las escuelas tiene mucho más que ver con las normas convencionales sobre los conceptos de la sociabilidad y del derecho de propiedad que con técnicas instrumentales o cognoscitivas (Collins 1989: 26).

El acceso a credenciales desató así nuevos procesos de estratificación social entre dos tipos de empleados: aquellos popularmente conocidos como "cuellos blancos", no involucrados con el trabajo manual y cuyo desempeño requiere de una mayor cuota de autonomía y control normativo (nuestra "clase media"); y los trabajadores "cuello azul" con escaso nivel de autonomía y controlados mediante mecanismos coercitivos o remunerativos. Los tipos de cualidades y credenciales buscados para cada tipo de empleados diferían sustancialmente: "Para el caso de las posiciones directivas, las cualidades más buscadas son claridad de objetivos, habilidad en las relaciones personales y carácter moral" (Collins 1989: 28). En cambio, en el caso de los puestos manuales, las cualidades más valoradas serán el conocimiento técnico, la obediencia y el respeto a las jerarquías institucionales.

Por tanto, lo que deberían certificar las credenciales son características de la *personalidad*, relacionadas tanto o más con la socialización y la cultura que con la formación técnica. Para los empleadores, el valor de los títulos universitarios no recae en su capacidad de garantizar las habilidades prácticas del postulante, sino como reductores de la incertidumbre en el comportamiento de los empleados frente al trabajo y sus superiores.[6] De este modo, bajo el discurso de la competencia y el mérito, se reproducirían las estructuras de dominación existentes en la sociedad estadounidense en torno al credencialismo: "[...] la moderna América se ha estratificado alrededor de un sistema credencial educativo con un dominio completo de las oportunidades profesionales y una ideología tecnocrática que no resiste un examen minucioso" (Collins 1989: 14).[7]

En suma, para Collins la relación entre la educación y la estratificación ocupacional debe entenderse en relación con los conflictos sobre recursos escasos (ingresos, estatus); conflictos que se producen porque las clases medias dependen cada vez más del acceso a ocupaciones profesionales como medio de reproducción de su condición social y sus estilos de vida privilegiados. Las credenciales educativas se utilizan así para construir enclaves profesionales jerárquicamente ordenados (Phillip Brown 1995: 31).

Debido a estas reflexiones Collins es considerado como uno de los principales teóricos del cierre social (véase Murphy 1984). Si bien él mismo no aplica el término en su libro,[8] las analogías con Parkin —cuyo trabajo Collins tampoco toma en cuenta— son evidentes, pues el sociólogo británico consideraba el credencialismo como forma *individual* del cierre social. Su principal función era la de blindar a las profesiones contra los riesgos e incertidumbres del

6. Los hallazgos de David K. Brown apoyan el argumento de Collins: "Los empleadores estaban interesados en algo más que en reclutas técnicamente calificados para los puestos de trabajo; a menudo las habilidades sociales eran más importantes para los empleadores. La argumentación funcionalista ha proporcionado poco esclarecimiento sobre este aspecto de la contratación laboral" (David K. Brown 1995: 38).

7. En una línea similar, Bourdieu y Passeron (1977) argumentan que la escuela es el principal factor cultural para sustentar la estructura de clases predominante.

8. Sin embargo, hay un artículo de Collins donde sí se refiere explícitamente al concepto weberiano del cierre social en los procesos de profesionalización (Collins 1990).

mercado en un doble sentido: por un lado restringir la oferta de mano de obra mediante el requisito de certificados, y por otro lado encubrir la desigualdad de habilidades entre los profesionales, protegiendo así a los menos competentes de posibles sanciones (Parkin 1979: 56). Parkin otorga al credencialismo la misma importancia que a la propiedad privada para generar estratificación social en el capitalismo moderno; ambos representan un conjunto de disposiciones legales para "restringir el acceso a recompensas y privilegios":

> La propiedad es una forma de cierre diseñada para evitar el acceso general a los medios de producción y sus frutos; el credencialismo es una forma de cierre diseñada para controlar y vigilar el acceso a puestos clave en la división del trabajo.
>
> [E]s necesario considerar al credencialismo como una forma de cierre social excluyente comparable en su importancia para la formación de las clases con la institución de la propiedad. Ambos implican el uso de reglas excluyentes que confieren ventajas y privilegios a unos pocos negando el acceso a los muchos, reglas que son consagradas en la ley y confirmadas por la autoridad coercitiva del Estado. De ello se desprende que se puede considerar a la clase dominante en el capitalismo moderno como constituida por aquellos que poseen o controlan el capital productivo, y aquellos que poseen un monopolio legal de servicios profesionales (Parkin 1979: 48, 58).

Cabe resaltar que los principales postulados de los autores resumidos en este acápite –en particular la importancia de la certificación[9] y la simultánea devaluación del logro educativo[10]– fueron

9. "El capital educacional sigue siendo crucial para incorporarse a los estratos medios, sea en empleos no manuales rutinarios –que requieren la certificación del segundo ciclo de la educación media o secundaria–, sea con un título profesional de la educación superior para las ocupaciones típicas del estrato medio-alto" (Franco, Hopenhayn y León 2011: 20).

10. "Si bien se han incrementado las oportunidades de acceso a niveles más altos de educación, simultáneamente se ha producido una devaluación relativa de

comprobados (sin tener las referencias) por autores de la CEPAL en relación con la reciente formación de la "nueva clase media" latinoamericana. En lo que sigue queremos demostrar que en el Perú, con la masificación de la educación superior, se viene experimentando en los últimos años un proceso similar ante nosotros.

La expansión de la educación superior privada en el Perú

> "Una educación superior de calidad y pertinencia, que provea de técnicos y profesionales competitivos al país, es clave para sostener el proceso de desarrollo económico y social en el que estamos todos involucrados en esta era del conocimiento".[11]

Como demuestra la cita arriba, en el Perú el funcionalismo también ha servido de argumento para académicos y para las políticas educativas que permitieron la expansión de la educación postsecundaria en el país en el siglo XX. En los años sesenta, el Estado peruano promovió la apertura de universidades públicas en las principales ciudades de provincia, respondiendo así al interés del Gobierno por formar capacidades que atendieran las necesidades de un país industrializado y moderno (Sulmont, Valcárcel y Twanama 1991). De manera limitada, esta amplificación de la cobertura permitió el acceso a diplomas universitarios a muchos hijos de sectores populares anteriormente excluidos de los sistemas de formación

las oportunidades laborales y de ingreso para quienes logran terminar la educación secundaria. Asimismo, se aprecia que se acrecienta el número de integrantes del estrato bajo con mayor nivel educacional, así como de amplias capas del estrato medio-bajo con educación secundaria completa. Ello se ha traducido en una homogeneización de los ingresos entre ambos estratos y ha provocado una disociación entre el tipo de ocupación y el ingreso que se obtiene" (Franco, Hopenhayn y León 2011: 25).

11. Yamada, Castro y Rivera (2012: 4).

superior. Al mismo tiempo se evidenciaba una ruptura con la educación escolástica existente en las universidades más antiguas, donde prevalecían aún las carreras de Humanidades, de carácter elitista y poco vinculadas con las demandas profesionales de un país que apostaba por la sustitución de importaciones.

En paralelo a este primer proceso expansionista de la educación superior estatal, en la capital comenzaron a abrirse las primeras universidades privadas,[12] fundadas por congregaciones religiosas, empresarios o asociaciones de la sociedad civil. Universidades como la Universidad Peruana Cayetano Heredia (1961),[13] la Universidad del Pacífico (1962)[14] o la Universidad de Lima (1962)[15] corresponden a este periodo, y acogieron alumnos de las clases altas y medias-altas de la población limeña, insatisfechas con la calidad de la educación estatal y con su creciente masificación. Con el paso de los años, el descuido de la universidad pública por parte del Estado hizo evidente la diferenciación social entre los estudiantes de estas universidades y las privadas. Mientras las públicas

12. Hasta ese entonces la Pontificia Universidad Católica del Perú, fundada en 1917, fue la única universidad privada en el Perú.

13. "La renuncia de los más de 400 docentes a la Facultad de Medicina de San Fernando de la Universidad Nacional Mayor de San Marcos, debido a la decisión tomada en esa casa de estudios de permitir la participación del tercio estudiantil en el gobierno de la facultad, devino en la creación de la Unión Médica de Docentes Cayetano Heredia el 25 de julio de 1961"; tomado de la página web de la UPCH: <http://bit.ly/2gTPUkh>.

14. Entre las entidades fundadoras estaba la Compañía de Jesús.

15. "Durante los años 1960 y 1961, un grupo de profesores universitarios e importantes representantes del comercio y la industria, reunidos en la Asociación Civil Prodies (Promoción del Desarrollo Industrial a través de la Educación Superior), decidió fundar una nueva universidad. Después de dos años de esfuerzos, se creó la Universidad de Lima, cuyo funcionamiento fue autorizado por el Decreto Supremo 23 del 25 de abril de 1962"; de la página web <http://www.ulima.edu.pe/acerca-de/resena-historica>.

se caracterizaban por acoger principalmente a las clases populares, las particulares sirvieron de recinto para las clases económicamente acomodadas de la sociedad.

Un nuevo proceso expansivo se iniciaría a partir de 1996, con el decreto DL 882 del segundo gobierno de Alberto Fujimori, que abrió la educación superior a la iniciativa empresarial con fines de lucro.[16] Es a partir de ese momento que se produce un vuelco abrupto de la educación superior en el Perú, tanto así que Lavado, Martínez y Yamada (2014) optaron por hacer un corte entre la educación privada pre- y posdesregulación y Seclén Neyra (2013) distinguiera en su tesis entre universidades privadas de primera y segunda generación.

A diferencia de las universidades privadas fundadas en los años sesenta, las universidades posdesregulación no fueron iniciativas de gremios ni congregaciones, sino de empresarios interesados en hacer crecer sus inversiones. Por consiguiente, están organizadas en forma de una empresa, con asambleas de accionistas por encima de la representación docente y estudiantil. A menudo funcionan con infraestructuras precarias y profesores mal formados y peor pagados. Además, la deficiente regulación estatal hace posible que bajen al mínimo sus requisitos de selección y graduación, y descuiden por completo áreas de la formación universitaria no directamente relacionadas a la obtención de trabajo, como la investigación (Seclén 2013). En consecuencia, la producción académica de la mayoría de estas universidades está muy por debajo del promedio nacional.

16. La Ley de Promoción de la Inversión en Educación (DL 882) entró en vigencia el 1 de enero de 1997, permitiendo la apertura de instituciones educativas privadas con fines de lucro en todo el territorio nacional. Con ella se finalizó un proceso de desregulación educativa que comenzó en 1995 con la creación de la Comisión Nacional para la Autorización de Funcionamiento de Universidades, mediante la Ley N.° 26439.

Según el estudio de Lavado, Martínez y Yamada (2014: 5), de 45 universidades que comenzaron a funcionar en el periodo posdesregulación, el 70,3% (es decir, 34 universidades) sería de "menor calidad".[17]

La apertura de las universidades-empresa fue responsable de una masificación sin precedentes de la educación superior. Según cifras del segundo Censo Nacional Universitario, el número de universidades en el país ascendió a 131 en el año 2010, lo cual representa cerca del doble de la cantidad en 1996 (INEI 2011). El 62% de estas universidades era de gestión privada, lo cual contrasta con la situación de veinte años atrás, cuando la proporción de centros privados y públicos era casi la misma. El crecimiento anual de matrículas se ha quintuplicado desde la desregulación: "La tasa de crecimiento promedio anual de alumnos matriculados es de 1,2% en el periodo de desregulación de 1985 a 1997, mientras que en el periodo post-desregulación de 1998 a 2012, asciende a 6,5%" (Lavado, Martínez y Yamada 2014: 13).

La educación superior como herramienta de movilidad social: el "mito del progreso"

Quedó claro en las entrevistas hechas a estudiantes y egresados de Administración de las universidades más acreditadas de Lima que para los sectores altos y medio-altos la decisión de mandar a sus hijos a una universidad "de prestigio" tras terminar la secundaria es casi automática. Convertirse en profesional con título universitario es la regla en estos jóvenes, pues permite legitimarse ante los padres y su entorno, y así reproducir su estatus económico y social. De este

17. Los autores hacen la afirmación sobre la base del índice de calidad universitario (ICU) de los censos nacionales universitarios de 1996 y 2010.

Figura 1

Número de universidades privadas y públicas operativas por año (1900-2011)

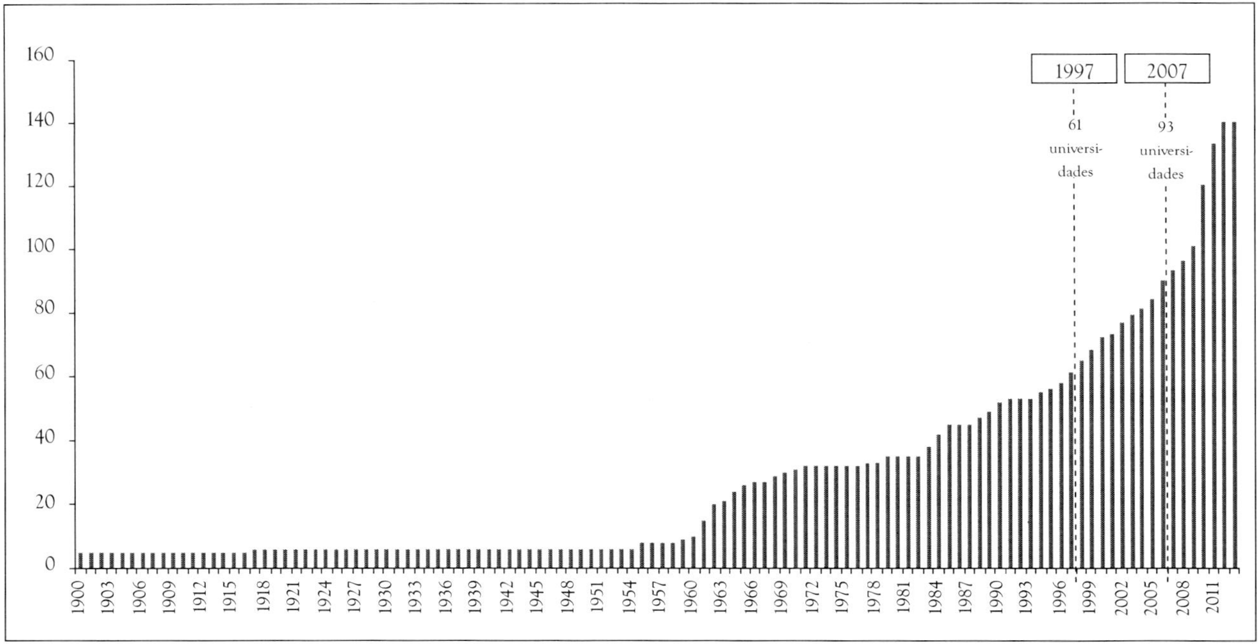

Fuente: Departamento de Estadística de la Asamblea Nacional de Rectores, reproducido en Lavado, Martínez y Yamada 2014: 13.

modo, para Priscilla (U. Pacífico), Alfonso (U. Ricardo Palma) y María (U. de Lima), por ejemplo, ir a la universidad no implicó un proceso de reflexión. Convertirse en universitarios estuvo claramente en las expectativas de sus padres desde que los matricularon en el jardín de niños y fue el paso obligado tras la graduación para todos sus compañeros de escuela. La naturalización de estas trayectorias hace que cursar estudios superiores no esté sujeto a ningún cuestionamiento; por el contrario, no estudiar o hacerlo en un instituto o en una universidad de menos prestigio está por completo fuera del universo de posibilidades percibidas.

> Exacto, era la formación que tenía, ¿no?; que después del colegio hay que estudiar en la universidad y después trabajar. Ese es el orden de las cosas que me habían inculcado (Meche, egresada de la UPC).
>
> Siempre era como ya, automático. Salí del colegio, y ya sabía que tenía que ir a la universidad (Diana, estudiante de la PUCP).
>
> No tenía que ir donde mis papás a decirles "yo quiero estudiar en una universidad", sino que el tema ya se sobreentendía (María, egresada de la Universidad de Lima).

Para los estudiantes de universidades públicas y privadas posdesregulación, mientras tanto, el paso del colegio a una universidad o a un instituto superior no es tan sencillo ni automático. Las limitaciones económicas hacen que la decisión requiera cálculos más sofisticados e involucre en muchos casos a toda la familia extensa. Obtener un título académico no se sobreentiende con la misma naturalidad que para los jóvenes de los estratos más altos, y por lo tanto es altamente valorado. En él se depositan las esperanzas de movilidad social; ir a la universidad entre los administradores entrevistados provenientes de sectores más populares que hemos entrevistado significaba no tanto una reproducción del estatus, sino la posibilidad de ascender socialmente; y hacen grandes esfuerzos por lograrlo.

Veamos el caso de Fernando, estudiante de Administración de la Universidad César Vallejo e hijo de migrantes puneños en Lima. Según relata, a pesar del bajo nivel educativo que alcanzaron sus padres, fue siempre su sueño el brindar a sus hijos la mejor educación posible y convertirlos en profesionales. Fernando asume esta meta como propia, y está mentalizado en ser el primero de su clase para conseguir una beca parcial en la universidad. Cree que a través del título universitario podrán salir del círculo de informalidad en el que viven sus padres, ganar experiencia a través de un trabajo formal y luego formar su propia empresa con todos los requerimientos de ley. La educación superior, desde su punto de vista, es ante todo una oportunidad para el ascenso social, "de ser mejor":

> Y aquí, en esta realidad, la peruana, abunda más el trabajo informal, el trabajo formal muy pocos lo tienen, y quienes lo tienen son dos tipos: los que estudian y los que pertenecen al sindicato. Entonces, pertenecer al sindicato es ser un obrero o un personal operativo. Alguien que sabe sus derechos conoce lo que hace, es un profesional, es decir, con educación superior tiene uno mejores oportunidades, facilidades y ni qué decir del tema económico. El tema económico es un trampolín que para muchos es difícil de conseguir, ¿no? Y la educación, en este caso superior, para mí es una oportunidad de ser mejor [...] (Fernando, estudiante de la UCV).

Andrea, egresada de la Universidad Alas Peruanas, percibe los estudios superiores como requisito para ser "alguien" en la vida, con lo cual se distingue de aquellos que son "nadie", pues no cuentan con títulos universitarios:

> Siempre estaba en mi mente estudiar, porque si no, no eres nadie acá en el Perú. Si tú no tienes estudios, en realidad cuando tú quieres abarcar más puestos en un trabajo te estancas porque no tienes estudios universitarios o técnicos (Andrea, egresada de Universidad Alas Peruanas).

Testimonios como estos nos indican que para muchos –probablemente la gran mayoría– de los estudiantes provenientes de sectores populares la educación superior es considerada, en primer lugar, como trampolín para el ascenso social; es el medio, no el fin. Se evidencia así una consonancia entre educación y ascenso social –lo que Carlos Iván Degregori (1986) llamó el "mito del progreso"– que fue identificada por científicos sociales durante los años ochenta, y que no ha perdido vigencia. Como bien señala Juan Ansion (1993), las familias campesinas vieron en la llegada de instituciones de educación estatal a sus comunidades una oportunidad para abrirse paso en la sociedad nacional, y la educación era vista como una herramienta para salir de la pobreza y evitar el abuso y la marginación. El crecimiento económico en la última década y la pacificación después del conflicto armado interno hicieron que estas aspiraciones educacionales vayan más allá de la educación básica y se trasladen al campo de la educación superior técnica y universitaria (Uccelli y García 2016).

Sin embargo, hay un aspecto que distingue al mito del progreso contemporáneo de aquel que existía treinta años atrás. Anteriormente, la educación secundaria o superior era casi exclusivamente pública y se la asumía como una reivindicación colectiva frente al Estado, una estrategia de acceder a él a través de canales formales de instrucción. En palabras de Juan Ansion, la educación era entendida como "un cauce de canalización de demandas y presiones sociales, un medio privilegiado de presencia del Estado con dimensión nacional, un elemento de integración de la diversidad lingüística, étnica, cultural" (1993: 4).

La fuerte vinculación entre Estado y educación era evidente en la elección de las carreras de los postulantes universitarios, que optaban en su mayoría por carreras tradicionalmente vinculadas al sector público, como la docencia. El compromiso con la carrera magisterial daba cuenta del prestigio que la carrera pública y el compromiso político y social aún eran atribuidos al estudiante universitario. Hoy en día, sin embargo, observamos una transformación en las preferencias de la población universitaria de clase media emergente, que opta en su mayoría por estudiar carreras con la mira de conseguir trabajo en alguna empresa privada o desarrollar su propio negocio. Eso se expresa en las preferencias profesionales: mientras en el primer Censo universitario del año 1996 la carrera de mayor demanda era Educación (INEI 1996), en el segundo, del año 2010, el primer lugar lo tomó la carrera de Administración (INEI 2011).

Educación superior, profesionalización y credencialismo como mecanismos de cierre social

> "Se puede argumentar que la educación superior tiene un potencial particular para reforzar las desigualdades porque, por definición, no es accesible para todos y porque no es obligatoria".[18]

La complicidad entre la educación y la estratificación social, la manera como se promueven mutuamente, es un tema extensamente estudiado. Empezando con el "Informe Coleman" en EE. UU. hace medio siglo (Coleman *et al.* 1966), se ha producido una enorme bibliografía que analiza las formas como la clase social, la raza, la etnicidad y otras construcciones sociales afectan el logro educativo y cómo este, a su vez, genera o refuerza las desigualdades socioeconómicas. En nuestro estudio, la pregunta relacionada sería en qué medida la masificación de la educación superior en el Perú —accesible para estratos sociales antes excluidos— abre las puertas al ascenso social y contribuye a la formación de una "nueva clase media".

---

18. Archer, Hutchings y Ross (2003: 2).

Varios autores peruanos ponen en tela de juicio el relato de la "igualdad de oportunidades" que el discurso oficial relaciona con la expansión de la cobertura educativa. Martín Benavides, por ejemplo, si bien reconoce que la educación genera cierta movilidad social, también registra una "asociación entre clase de origen y destino para aquellos que tienen educación superior" (2007: 141). Ricardo Cuenca llama la atención sobre la gran proporción de estudiantes, sobre todo de sectores de escasos recursos económicos, que reciben una formación deficiente en universidades privadas de baja calidad educativa. Además, Cuenca (2014) visibiliza la poca presencia que las minorías étnicas —sobre todo de las mujeres indígenas (Cuenca y Patiño 2014)— en la educación superior.

A pesar de estas limitaciones, las jerarquías sociales no quedan inmutables frente a las presiones que ejerce sobre ellas una expansión masiva de la educación superior. Pierre Bourdieu (2008) relató cómo el incremento de la matrícula hizo lo suyo para sacudir la estructura social tradicional en su país. En su libro sobre la academia francesa, el autor observa que el aumento de la población escolarizada y la correspondiente devaluación de los certificados resultó en una "desclasificación generalizada" (quizás el término *downclassing* en la edición en inglés capta mejor la idea del descenso social) que era "particularmente intolerable para los más favorecidos" (2008: 211), quienes se vieron obligados a enfrentar "un desfase estructural entre las aspiraciones estatuarias —inscritos en títulos que, en el anterior estado del sistema, ofrecían en verdad las oportunidades correspondientes— y las posibilidades realmente aseguradas" (2008: 212).

En situaciones así, la selección del centro educativo —el "refugiarse" en instituciones más costosas y prestigiosas; y, a la vez, limitar el acceso a ellas para potenciales "usurpadores"— se convierte en la habitual estrategia del cierre social. Ball (2003) describe los esfuerzos que hacen en este sentido las familias de clase media en la educación preuniversitaria de los países industrializados: matriculan a sus hijos en escuelas donde "hay otras personas como nosotros" (2003: 60), con el fin de "dibujar y redibujar [...] líneas de demarcación" (2003: 76) frente a los sectores más pobres:

> Hay un elemento dual en estos pequeños actos de cierre. Por un lado, está el reconocimiento de otros que son "como nosotros" [...]. Por otro lado existe un sentido de alienación, de diferencia, de "otros" que *no* son "como nosotros" (Ball 2003: 61).[19]

Transformando discursivamente "micro-diferencias en macro-desigualdades" (Bernstein 1996: 11, citado en Ball 2003: 77), la selección de la escuela reproduce así la estratificación entre clases medias y populares. Hacia el otro lado de la escalera social, aquel que lleva hacia arriba, los padres intentan, en la medida de lo posible, ganar acceso a instituciones de élite para sus hijos con el fin de maximizar sus oportunidades (Ball 2003: 20). Los datos del segundo Censo Nacional Universitario dejan entender que este caso se da también en la educación superior en el Perú, pues muestran un contingente importante de sectores con ingresos relativamente modestos en las universidades privadas de primera generación; es decir, no se logra evitar la "usurpación" de espacios de "élite" por miembros de las clases medias (véase figura 2).

En términos generales, sin embargo, la figura 2 revela claramente la tendencia de que mientras más bajos son los ingresos familiares, mayor es la probabilidad de ir a las universidades públicas y privadas posdesregulación. En cambio, los sectores sociales con

19. En palabras de Michael Walzer: "Asociación y segregación son los elementos más disputados en la esfera de la educación. Los padres están mucho más interesados en quiénes son los *compañeros* de escuela de sus hijos que en los *libros* de la escuela" (Walzer 1984: 215). Sobre el mismo tema, véase también Brantlinger 2003.

Figura 2
MATRÍCULAS SEGÚN INGRESO MENSUAL DE LOS PADRES DE FAMILIA EN NUEVOS SOLES (%)

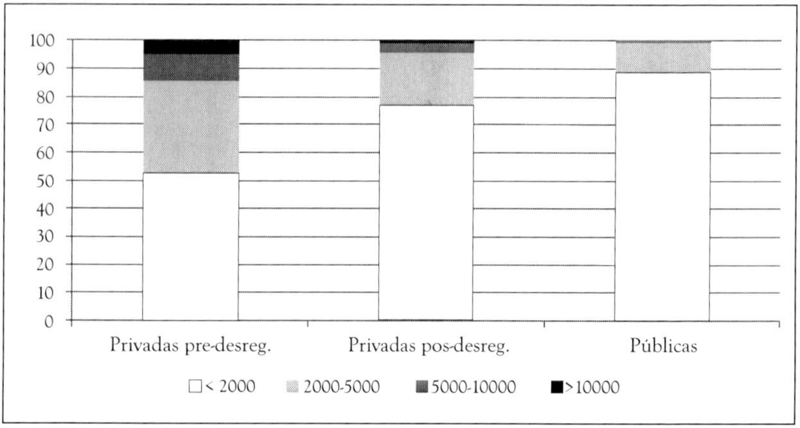

Fuente: Censo Nacional Universitario 2010.
Elaboración propia.

ingresos mayores matriculan a sus hijos en universidades privadas de primera generación y su presencia en las públicas es prácticamente nula. Podemos asumir —y nuestras entrevistas lo corroboran— que la cuota de ingreso y la pensión mensual funcionan como filtros importantes (véase figura 3).

Los recursos económicos de los cuales dispone una familia son un elemento crucial que regula sobre todo el acceso a la educación superior; en la terminología de Raymond Murphy, funcionarían como "forma primaria" del cierre social.

A partir de ahí, existen diferentes opciones que puedan servir de "formas derivadas". Aplicando el enfoque de Parkin y otros teóricos del cierre social, Weeden (2002) se pregunta por qué algunas profesiones pagan mejores sueldos que otras y analiza data del Current Population Survey (CPS) en Estados Unidos sobre un total de

Figura 3
PENSIÓN MÍNIMA MENSUAL DE UNIVERSIDADES PRIVADAS EN LIMA
(año 2015, nuevos soles)

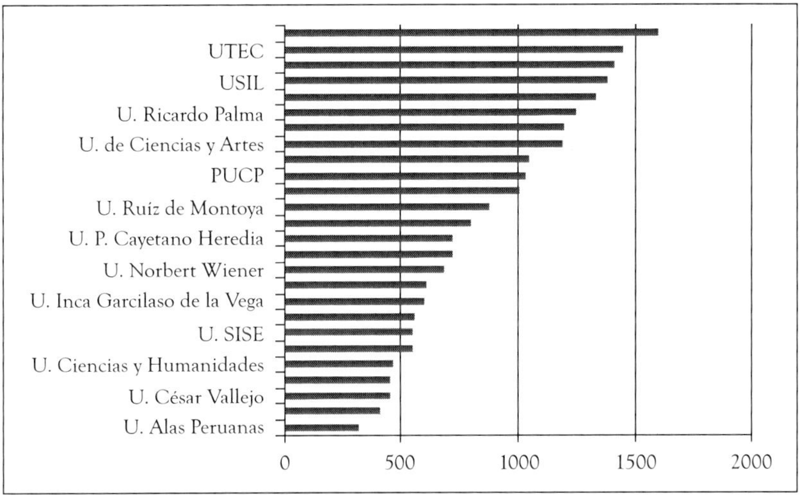

Fuente: <http://bit.ly/2h2Q9r2>.
Elaboración propia.

488 ocupaciones. Sus hallazgos lo llevan a la conclusión de que las diferencias salariales se deben a cinco mecanismos del cierre: licencias, credenciales, certificación, sindicalización y representación por asociaciones profesionales.

> Los caballos de batalla de cierre social en el modelo son cinco estrategias altamente institucionalizadas —licencias, credenciales, certificación, sindicalización y representación por asociaciones— para crear límites sociales y jurídicos alrededor de las ocupaciones. Cada uno afecta las recompensas ocupacionales a través de una combinación única de cuatro mecanismos: restringir el suministro de mano de obra en una ocupación; aumentar la demanda general de un producto o servicio; solidificar la pretensión de una ocupación de ser el único

proveedor de ese servicio; o señalando a los clientes que la ocupación ofrece un servicio de calidad particular (Weeden 2002: 57).

Las "licencias" de Weeden se refieren a la autorización otorgada por el Estado para llevar un título profesional, algo que los administradores de nuestro estudio (a diferencia, por decir, de los cambistas o los taxistas) ya lograron hace décadas atrás. "Certificación" es el término para denominar credenciales voluntarias otorgadas, por ejemplo, por las asociaciones profesionales; en nuestro caso no tienen relevancia. Tampoco la poseen los sindicatos, y los colegios profesionales de administradores licenciados, si bien existen, son débiles y fraccionados. Quiere decir que entre los profesionales de nuestro estudio el cierre social ocurre más que nada mediante el credencialismo: el título otorgado por la universidad.

El diploma, se supone, es un indicador sólido y confiable de una formación estandarizada que, a su vez, garantiza la adquisición de ciertas destrezas. En otras palabras, funciona como *credencial* en el sentido etimológico de la palabra.[20] La consecuencia de este proceso es la restricción –legalizada por el Estado– del derecho al ejercicio de una profesión a un grupo seleccionado de personas que cuenta con el diploma correspondiente; un ejemplo clásico del cierre social ya señalado por Max Weber.[21] Se trata de una práctica habitual

20. El origen de la palabra viene del latín *credere* = creer.

21. En el fenómeno de la profesionalización se hace evidente una vez más la diferencia entre el funcionalismo y la teoría del cierre social. Desde la perspectiva funcionalista, los privilegios de ciertas profesiones –que se manifiestan en la remuneración– se justifican por la contribución al bienestar de la sociedad. La desigualdad social es el resultado –justo y merecido– de la ubicación de los más talentosos en los puestos más importantes (Davis y Moore 1945). Autores como Larson Sarfatti (2013) y Freidson (1986), en cambio, resaltan las estrategias del cierre social (sin usar el término) que permitieron a algunos grupos ocupacionales monopolizar el acceso a posiciones

que, según Portes, se da con más frecuencia en los estratos que él ha nombrado como los "trabajadores comunes" (*common workers*), y que incluyen también a los empleados de "cuello blanco":

> Ni los rentistas ni la élite buscan el cierre porque la misma naturaleza de los atributos de su clase –riqueza o habilidades extraordinarias– es suficiente como barrera de entrada. Los trabajadores comunes no están en esta posición ya que el carácter más ordinario de sus habilidades los expone al peligro de ser sustituidos. Por esta razón tratan de erigir barreras de entrada en forma de largos aprendizajes, licencias, requisitos y restricciones a la inmigración, entre otros (Portes 2010: 86).

Sin embargo, en el Perú contemporáneo el título universitario como elemento del cierre social se ha diluido en la medida que con la expansión de la educación superior se han masificado, y de cierta manera vulgarizado, también los diplomas. Para bien o para mal, la inflación de títulos universitarios terminó quebrantando el monopolio de las universidades de primera generación, y por consiguiente se hacen necesarios elementos adicionales –"contingentes" en la clasificación de Murphy– del cierre social para mantener ciertos privilegios y prerrogativas en el mercado laboral. Uno de ellos es la jerarquización de las universidades y sus respectivos títulos:

---

privilegiadas en el mercado laboral; entre estas estrategias destaca la "sacralización ritual" (Collins 1990) de los saberes profesionales. De esta manera, ciertas profesiones –como ejemplos paradigmáticos se suele citar a los médicos y los abogados, que históricamente fueron los primeros en juntar estos requisitos– adquieren una posición privilegiada en la jerarquía ocupacional. La profesionalización, por tanto, es "[...] un proceso intrínsecamente dinámico. Las profesiones están involucradas en un proceso continuo de lucha; la lucha por mejorar su posición de clase, la lucha por obtener un estatus alto y la lucha por lograr la autonomía y control de mercado" (Roberts y Coutts 1992: 386).

"cuando el mercado se masifica, los empleadores se preocupan más por el 'estatus' de las credenciales" (Phillip Brown 1995: 38).

Nuestras entrevistas dejaron en claro que en los niveles gerenciales, las empresas más importantes solo reconocen los títulos de determinadas universidades, consideradas las *top* del país. Mientras tanto, los que se graduaron en universidades estatales y privadas posdesregulación se enfrentan a mercados laborales más hostiles que, si es que les brindan acceso, solo lo hacen en las posiciones más bajas en el organigrama empresarial, con condiciones laborales más precarias.

Las afirmaciones de nuestros entrevistados coinciden con una encuesta de Ipsos-Apoyo llevada a cabo en 2010 entre empleadores en Lima Metropolitana que encontró una clara preferencia por los egresados de las universidades privadas predesregulación. En cambio, la lista de aquellas de las cuales no se imaginaron contratar a ningún egresado está encabezada por universidades-empresas posdesregulación como Alas Peruanas, Norbert Wiener, San Juan Bautista y César Vallejo. La universidad pública con mayor rechazo es la Universidad Nacional de Educación Enrique Guzmán y Valle, más conocida como La Cantuta, que forma maestros de escuela, y, por lo tanto, no es de mucho interés para la empresa privada, pero también tiene mala fama por la politización de sus estudiantes (cuadro 1).

Cuadro 1
PREFERENCIAS DE EGRESADOS EN LAS EMPRESAS

Universidades privadas de las que SÍ contrataría egresados (%)		Universidades privadas de las que NO contrataría egresados (%)		Universidades públicas de las que NO contrataría egresados (%)	
PUCP	75	Alas Peruanas	45	La Cantuta	44
U. Lima	65	Norbert Wiener	35	U. del Centro	31
U. Pacífico	41	Juan Bautista	27	Antonio Abad Cusco	16

UPC	28	César Vallejo	19	U. del Callao	15
U. de Piura	18	Peruana Unión	18	Federico Villareal	14
Ricardo Palma	17	Sedes Sapientiae	17	San Agustín	11
U. San Martín de Porres	10	Garcilaso de la Vega	16	La Molina	7
Esan	9	UTP	12	U. de Trujillo	4
U. San Ignacio de Loyola	6	U. San Ignacio de Loyola	3	UNM San Marcos	3
U. Garcilaso de la Vega	5	Unife	2		

Fuente: Ipsos-Apoyo 2010.
Elaboración propia.

La misma encuesta reveló una preferencia por las "habilidades blandas" (*soft skills*) en la metodología de evaluación para la contratación de recién egresados. El test de conocimientos quedó muy por debajo del test psicológico y del test de personalidad (cuadro 2).

Cuadro 2
METODOLOGÍA DE EVALUACIÓN PARA LA CONTRATACIÓN DE RECIÉN EGRESADOS

¿Cuáles son las metodologías de evaluación que utiliza para la aplicación de recién egresados a su empresa? (%)	
Entrevista	77
Test psicológico	59
Test de personalidad	49
Test de habilidades	44
Test de conocimientos	39
Test de inteligencia	33
Evaluación de competencias	2

Fuente: Ipsos-Apoyo 2010.
Elaboración propia.

Una vez más los datos de la encuesta coinciden con nuestras entrevistas a expertos en recursos humanos de empresas limeñas, que revelaron una serie de criterios de selección que, pretendiendo objetividad y meritocracia, terminan por "cerrar" el ingreso de postulantes que no cuentan con el capital cultural y social requerido. El criterio decisivo, valga la insistencia, *no* es el conocimiento relacionado con su especialidad que el candidato o la candidata puedan haber adquirido durante sus estudios;[22] después de todo, suele esperarse de los recién egresados contratados que hagan línea de carrera y aprendan lo necesario en la misma empresa. Más importante es la reputación de la institución que les otorgó su título. José, gerente de una empresa de recursos humanos en la capital a quien entrevistamos, confirmó que es un requerimiento explícito de las grandes compañías que los candidatos que postulan a sus puestos gerenciales provengan de universidades "de prestigio". Aquellos que no puedan acreditar dicho origen quedan inmediatamente descalificados de la competencia.

Vicente es un trabajador social egresado de la UNMSM especializado en la gestión de recursos humanos y gerente de una exitosa consultora que brinda servicios a empresas privadas e instituciones del Estado interesadas en mejorar sus procesos de reclutamiento de personal. Al igual que José, Vicente comenta que los empleadores de las grandes empresas con las que él suele trabajar tienen preferencias explícitas por universidades "de prestigio". Este prestigio no tiene que ver necesariamente con la calidad de la enseñanza

---

22. El 77% de los empleadores encuestados por Ipsos-Apoyo contestaron con "no" la pregunta acerca de si existe una forma directa en la que los recién egresados puedan ingresar por haber tenido notas destacables, primeros puestos o becas durante la época universitaria.

recibida, sino que más bien es un indicador de que el titular cuenta con un particular *capital cultural*, un "roce" que le permitirá desenvolverse con fluidez en el círculo empresarial en el que la institución funciona.

> Bueno, no incurro en ningún pecado cuando digo que acá en el Perú hay mucha discriminación en general, ¿no? Entonces también existe mucha discriminación en el momento de reclutar, mucha discriminación. Los clientes te dicen "quiero que sea de una universidad de prestigio", entonces tú respondes "bueno, ¿pero de prestigio según qué?". [...] Para el mercado laboral prestigio implica tristemente... este... eh... una universidad cara, ¿no? Si vienes de una universidad cara entonces eres de una universidad de prestigio, independientemente de si tenga calidad académica o no. Entonces si no la tienes, si no eres de una universidad cara no tienes prestigio, entonces estás relegado a las posiciones de menor valor en empresas de menor tamaño, ¿no? Entonces así se maneja [...] esa es la realidad del mercado local. Entonces no se mide la capacidad, o sea todo es por filtro (Vicente, especialista en recursos humanos).

Tras la evaluación de las hojas de vida, los candidatos preseleccionados pasan por una serie de entrevistas y exámenes de aptitudes elaborados por psicólogos especializados en los que deberán demostrar sus habilidades de trabajar bajo presión, resiliencia, proactividad y liderazgo —"habilidades blandas" muy apreciadas en la literatura gerencial—. En la encuesta de Ipsos-Apoyo sobre las preferencias de los empleadores de Lima Metropolitana, los conocimientos prácticos quedaron muy por detrás de la "inteligencia emocional" y solo ligeramente por encima de "actitud innovadora y emprendedora" y "proactividad" (cuadro 3).

Cuadro 3
PRINCIPAL CAPACIDAD O HABILIDAD QUE DEBERÍA TENER UN EGRESADO UNIVERSITARIO (%)

Inteligencia emocional	31
Conocimientos prácticos	12
Actitud innovadora y emprendedora	11
Proactividad	9
Conocimientos teóricos	5
Capacidad para resolver problemas	6
Conciencia ética	4

Fuente: Ipsos-Apoyo 2010.
Elaboración propia.

Cumplir con estos requisitos implica el manejo de repertorios de élite, como el dominio de otros idiomas, la lectura regular de determinadas revistas y periódicos, así como experiencias de vida en el extranjero, características y facultades con las que no cuenta el egresado típico de una universidad pública. Vicente reconoce que los egresados de las universidades públicas y privadas posdesregulación tienen dificultades de comunicación que los hacen poco "empleables" en las grandes empresas. Su timidez es señalada como causa detrás de su fracaso en los procesos de selección.

> No es lo mismo que un muchacho sanmarquino venga [a una entrevista] y te diga, "oye, sabes qué, acabo de leer en el diario *Gestión* que la nueva corriente en la administración es esta", a que otro muchacho de la de Lima o de la Pacífico te diga "sabes qué, acabo de regresar de Nueva York, he estado en Wall Street, y he conversado con el gerente tal, y me ha dicho que lo último y la nueva onda en administración es esto y esto y esto". Entonces es una perspectiva totalmente distinta.

> Las empresas valoran, y es algo que hay que admitir, que el roce que obtienes estudiando en este tipo de universidades y las oportunidades que tienes en irte becado por el convenio tal y tal y que en muchas otras universidades no se da, hace la diferencia (Vicente).

Julio, egresado de Administración de la Universidad Nacional Mayor de San Marcos, sería un ejemplo; a pesar de considerarse a sí mismo una persona emprendedora y proactiva, admite en varias ocasiones no haber sido capaz de demostrar sus aptitudes en las entrevistas de trabajo. Verse rodeado de otros postulantes con credenciales de universidades con mayor prestigio que la suya lo intimidaron, descalificándolo rápidamente del proceso.

> Ponte postulé para ser asistente en operaciones, e iban otros patas que yo soy estudiante de la de Lima, yo trabajé en tal y soy ingeniero de tal, entonces yo mismo como que me bajaba y de repente eso también influyó en la forma en la que me comportaba en las entrevistas. Entonces por ese lado tal vez tenga razón lo que dice el profe, a ustedes les falta autoestima (Julio, egresado UNMSM).

Así, pues, se evidencia una situación donde "calificaciones *sociales* se han convertido en un elemento explícito de las prácticas de reclutamiento" (Phillip Brown 1995: 41; cursiva nuestra), tal como fue observado hace años por Randall Collins o David K. Brown. El interés empresarial por evaluar y promover las habilidades "blandas" tiene que ver con un cambio reciente en la filosofía del manejo de recursos humanos, que pasaron de guiarse por el ideal taylorista de productividad y disciplina a uno performativo, donde se espera que el empleado sea responsable sobre su propio desempeño (Donzelot 1991). Como veremos, este imperativo por emprender y liderar es compartido por la mayoría de estudiantes y egresados de administración entrevistados. El consenso se extiende a la mayoría de instituciones de educación superior, que incluyen en los currículos de la carrera de Administración —y también de otras carreras profesionales— cursos encaminados al fortalecimiento de estas aptitudes (Lamas Zoeger 2015).

La credencial universitaria jerarquizada funciona así como filtro para los candidatos en los procesos de reclutamiento, no tanto por la preparación académica que podría certificar, sino por el perfil —personal, social, cultural— del titular, el cual se deduce de la universidad que le otorgó el título. Es decir, lo que certifican las credenciales son en realidad características de la *personalidad*, relacionadas tanto o más con la socialización y la cultura que con la formación técnica.

> Es el "paquete de la personalidad", basado en una combinación de credenciales, habilidades técnicas y cualidades carismáticas, que tiene que ser arreglado y vendido en el mercado para el trabajo gerencial y profesional. Sin una educación "social" apropiada, los postulantes tendrán cada vez más dificultades para "decodificar" las reglas del proceso de selección (Phillip Brown 1995: 42).

Queda así demostrada la forma en que determinados mecanismos de cierre son utilizados para regular el acceso a los puestos laborales más cotizados: mecanismos ligados a hábitos y repertorios socioculturales. En este sentido, "la credencial debe ser entendida como la llave que desbloquea (*unlocks*) puertas, pero no las abre" (Phillip Brown 1995: 42). Para abrir la puerta, se necesita como agregado el capital social y cultural apropiado. De esta manera se mantiene y consolida la estratificación *en el interior* de la profesión, y en última instancia se establece "un proceso de formación de clases [que] es cada vez más el resultado de la distribución de credenciales jerárquicamente ordenadas" (Abercrombie y Urry 1983: 153).

> La expansión de la educación superior no representa más igualdad de oportunidades, pues el reciente incremento en números de graduados

> [...] significa simplemente que incrementan las diferencias entre las instituciones educativas [...] pues el mercado laboral se polariza entre la "vía rápida" hacia posiciones gerenciales sénior y una masa de puestos cuello blanco que ofrecen pocas perspectivas (Phillip Brown 1995: 44).

En esta situación, ¿qué opciones les quedan a aquellos cuyos títulos provienen de una universidad pública o privada posdesregulación de mala reputación? Por un lado, tal como había señalado Vicente, la sofisticación de los procesos de reclutamiento es un fenómeno que aún no alcanza a las empresas medianas y pequeñas del país. Estas empresas continúan contratando a sus empleados utilizando estrategias más tradicionales como las redes sociales, con lo cual el cuerpo de empleados termina por reducirse al de los allegados del dueño. La cercanía personal, y no el título ni la evaluación de aptitudes, es lo más importante al momento de tomar la decisión de contratación, dejando las puertas abiertas para estudiantes y egresados de las universidades de menor prestigio, pues la credencial en este caso no es un factor decisivo.

Otra salida importante es el negocio propio. Como señala un profesor de la Universidad Nacional Mayor de San Marcos, un buen número de los estudiantes de su facultad entran a la carrera con la esperanza de retomar y profesionalizar los negocios de sus padres, aquellos con los cuales —en muchos casos— la familia se logró abrir paso en la ciudad. Se trata, después de todo, de empresas de escasa complejidad organizativa, a menudo informales, con baja facturación anual e incapaces de brindar a sus empleados sueldos acordes a su grado académico:

> [...] los chicos que vienen de los sectores populares normalmente han estado vinculados a alguna actividad económica o empresarial de su familia, una bodega, un tallercito, etc. Entonces ellos vienen acá con la intención precisamente de continuar esa experiencia o mejorarla;

> esa es una primera intención. Claro, pudiéndose insertar en algunas grandes empresas abandonan sus sueños, pero son unos pocos en esa situación (Ramiro, asesor estudiantil de la UNMSM).

Algunos de los entrevistados de este perfil han logrado conseguir un puesto laboral en cadenas comerciales. Es el caso de Renzo, estudiante de la Universidad Inca Garcilaso de la Vega y hoy asistente del área de Recursos Humanos en una tienda de electrodomésticos; o de Julio, egresado de la UNMSM y asistente contable en la sede de un importante banco. Ambos lograron pasar por las baterías de exámenes y entrevistas, y cuentan hoy en día con un sueldo fijo, beneficios de ley y oportunidades factibles de ascenso. Es decir, han conseguido ubicarse en los puestos medios de las empresas, lejanos aún de los puestos gerenciales, pero incluso así hay expresión de progreso.

Vale resaltar que en este nivel existen a veces preferencias explícitas por la contratación de egresados de universidades de menor prestigio, debido a la cultura de trabajo que se relaciona habitualmente con la procedencia de sus estudiantes. Es decir, también en estos casos lo que define la contratación es el capital cultural que se presume de la credencial y no tanto el conocimiento.

> Un perfil Católica, según mi jefa... este... es una persona que no te va a hacer mucha hora extra. Que respeta mucho el tiempo que va a pasar de calidad con su familia. Una cosa así, no va a ser camiseta. Tiene que ser proactivo [...] básico, proactivo, se te tiene que ver responsable y aunque no lo creas, con valores, tienes que ser honrado, tienes que ser respetuoso, tienes que ser responsable (Renzo, egresado de la Universidad Inca Garcilaso de la Vega).

Otro buen porcentaje de los administradores entrevistados provenientes de universidades públicas logró insertarse al mercado laboral formal a través de algún organismo público. El reclutamiento en el Estado está regulado por la Ley del Servicio Civil, encaminada a hacer los procesos más imparciales. En primera instancia, este proceso brinda mayores oportunidades de ingreso a los administradores egresados de universidades de menor categoría, pues el sistema de puntos iguala su credencial a la de cualquier otro egresado universitario. Sin embargo, el sistema también es susceptible de manipulaciones para beneficiar a un candidato con conexiones personales o políticas sobre otros.

En suma, lo que encontramos es un mercado laboral altamente jerarquizado donde el credencialismo funciona como uno de los principales elementos de estructuración. En un primer nivel, el título acredita quién puede considerarse "profesional" y califica para determinados empleos. Sin embargo, el título mantiene un valor que va más allá de la funcionalidad de los conocimientos impartidos en las clases y está estrechamente relacionado con el estatus de la respectiva universidad. De esta manera se genera jerarquización social entre profesionales de la misma carrera, tal como lo observó también Alejandro Portes, quien interpreta estas desigualdades como diferencias de *clase*:

> En realidad, las divisiones de clase pueden existir *dentro* de las ocupaciones, especialmente en aquellos que requieren entrenamiento avanzado. El cirujano estrella de un hospital de élite está en una situación objetivamente diferente del internista común porque sus facultades extraordinarias le dotan con suficiente poder de mercado para reclamar una posición de clase más alta. La misma división existe entre abogados, profesores universitarios y actores, entre otros. Equiparar ocupación y clase logra cierta elegancia formal cuando coloca a todos los individuos con el mismo título profesional en una sola categoría. Sin embargo, eso sirve para ocultar, no para aclarar las divisiones de clase porque el título formal oculta las diferencias en el acceso a los recursos que confieren poder (Portes 2010: 245, nota de pie de página 34).

Queda así la pregunta acerca de si el esfuerzo vale la pena para los sectores populares y si la educación superior cumple con el sueño del ascenso social y, parafraseando a Bourdieu, promueve algún *upclassing*. Estudios cuantitativos sobre el tema no son del todo concluyentes, pero tienden a aceptar que la educación superior sí permite subir en la escala social. Yamada, por ejemplo, encontró que la educación universitaria ofrece rentabilidades comparables con otras alternativas de inversión financiera (Yamada 2007: 68), aunque dependiendo del tipo de universidad. Benavides y Etesse (2012), en cambio, son más cautelosos al afirmar que "sí *puede haber* movilidad social entre personas de escasos recursos que logran cursar la educación superior" (Benavides y Etesse 2012: 77; las cursivas son nuestras). En un estudio cualitativo con 180 becarios del Programa Internacional de Becas de la Fundación Ford, procedentes de poblaciones tradicionalmente excluidas, Cuenca (2012) halló que, en términos económicos, "para la mayoría [...] la experiencia de seguir estudios superiores ha supuesto una mejora en sus condiciones de vida" (Cuenca 2012: 110). Los apologetas de la "nueva clase media" encontrarán en esta mejora probablemente el argumento clave para incluir a estos estratos ascendentes en el medio del "rombo". Para Cuenca, en cambio, "el lugar que ocupan en la estructura social los becarios no ha cambiado significativamente" (2012: 109). Lo que reclama es una noción diferente de la movilidad social que incluya aspectos más allá del ingreso. Desde la perspectiva sociológica de la clase social que presentamos arriba solo nos queda asentir.

Pero aun considerando solo el aspecto económico —materializado en el incremento de ingresos, que es el argumento principal del discurso sobre la "nueva clase media" y el "rombo"—, los mecanismos de cierre social que identificamos nos enseñan que se trata de un ascenso social sumamente frágil y con serias limitaciones. Indicios cuantitativos que confirman esta sentencia serían los niveles de "sobre-educación" y el "subempleo" diagnosticados por Lavado, Martínez y Yamada (2014), quienes afirman que en el Perú "cuatro de cada diez profesionales se encuentran sobre-educados, ocupando vacantes no profesionales y subremunerados" (Lavado, Martínez y Yamada 2014: 2). El subempleo afecta más que nada a los estudiantes de las universidades posdesregulación:

> [...] evaluando tanto el efecto de la expansión de universidades así como el acceso restringido a la educación superior para alumnos con menores habilidades en la etapa pre-desregulación, documentamos que haber asistido a una universidad de "menor calidad" se asocia a una probabilidad 1,2 veces mayor de encontrarse subempleado. Sobre estos resultados, hallamos que la propensión a encontrarse subempleado, tal como que se asistió a universidades de "menor calidad", aumenta luego de la desregulación, pues dichos individuos tienen 1,30 veces mayor probabilidad de estar subempleados.
>
> La desregulación del mercado de educación superior ha permitido el ingreso de universidades de menor calidad *relativa* a la calidad de universidades existentes en la etapa pre desregulación. A nivel individual o de cada postulante universitario, se propone que este evento aumentó las probabilidades de ingresar a una institución universitaria, haciendo al estudiante más propenso de recibir una calidad formativa *relativamente menor*. Sostenemos como hipótesis que a través de ambos resultados descritos, el proceso de desregulación que tuvo lugar en el mercado universitario ha sido transmitido al mercado laboral como contribuyente del aumento en el subempleo profesional. (Lavado, Martínez y Yamada 2014: 6)

Nos encontramos así ante una expansión universitaria que no es solo impulsada por la modernización económica del país y las demandas del mercado laboral, tal como lo postuló el funcionalismo, sino también —y probablemente más— por los intereses de lucro de los dueños de estas universidades, que se encuentran con el fuerte deseo de sectores sociales con bajos recursos de salir adelante y mejorar su situación. Si no hubiera esta demanda, la mayoría de las universidades-empresa habrían fracasado hace tiempo. Ciñéndonos a la conceptualización de Parkin, podríamos concluir que la masificación universitaria que vivió el Perú en la última década se debe en gran medida a los intentos de "usurpación" de posiciones sociales antes reservados para los estratos más altos por parte de las clases medias emergentes. La "nueva clase media" en el Perú —quiere decir, los sectores que últimamente han logrado incrementar sus ingresos— es en buena medida producto de este proceso; pero mayoritariamente es una "clase" altamente vulnerable y con barreras de movilidad social bien establecidas.

Meritocracia y emprendedurismo

Hasta aquí hemos tratado de presentar mecanismos del cierre social que definen el acceso al mercado laboral. El credencialismo es un elemento fundamental en este sentido, pues es una herramienta necesaria para —según el estrato social del cual se provenga— asegurar la reproducción del estatus o la movilidad ascendente.

Parkin (1974: 7) define el credencialismo como mecanismo individualista de exclusión cuyo objetivo es establecer criterios de selección sobre la base de cualidades y atributos personales. De esta concepción, se desprende que el éxito depende en última instancia de cada individuo; una doctrina que en el Perú, al igual que en otros países, se ha condensado últimamente en el término "emprendedurismo".

De acuerdo con esta tendencia, la gran mayoría de nuestros entrevistados —independientemente de la universidad y del estrato social— condiciona el logro de sus metas con estas dos variables: la credencial y el espíritu emprendedor. Al menos discursivamente, reina una actitud generalizada del "sí se puede"[23] donde la proactividad personal llega a ser hasta el factor más importante para lograr el objetivo. Aquellos egresados de universidades de menor prestigio, a pesar de ser conscientes que encontrar un buen empleo no les será tan fácil, están convencidos que pueden compensar estas deficiencias haciendo gala de sus actitudes personales.

> Considero que el título universitario actualmente es como que terminas y te encuentras que hay un montón de gente buscando chamba, en diferentes procesos y cargos. Entonces tiene un peso importante el título siempre y cuando que hayas vivido parte de tu carrera y le hayas dado el cien por ciento. Si tú no te esfuerzas tu título simplemente es un cartón; cuando estudias descubres herramientas para desempeñarte mejor en lo profesional, pero si no investigas, si no descubres que te gusta, si no descubres la competencia que tienes a nivel laboral, simplemente vas a ser un profesional que se está durmiendo en su carrera, y vas a terminar, vas a tener un título, vas a tener cursos de actualización, pero vas a estar en un término medio. Y no puedes confiar nada más en salir de una buena universidad (Carlos, egresado de la Universidad Alas Peruanas).

A Andrea, como Carlos, egresada de Alas Peruanas, la experiencia le ha demostrado que su título no le brindará acceso a ningún puesto en el que a ella le gustaría desempeñarse. Sus empleadores le niegan ingresar a las áreas administrativas de los restaurantes y casinos en los que trabaja, relegándola al puesto de mesera. No obstante, la manera en la que Andrea interpreta este impedimento no se traduce en una confrontación con los empleadores ni mucho menos en un cuestionamiento del sistema que reproduce estas

23. Este mismo espíritu de optimismo es identificado por Gisela Cánepa en las campañas de Marca Perú, encaminadas a construir un nuevo paradigma de nación frente al mercado y al crecimiento económico experimentado en la última década. Véase Cánepa 2014.

distinciones. Por el contrario, la incentivan a imaginar estrategias para posicionarse mejor, como matricularse en cursos complementarios de inglés o intentar llevar la titulación en otra universidad. Es decir, tratará de superar las desventajas que significa el título de una universidad de mala reputación adquiriendo más credenciales, entrando al juego que Ronald Dore llamaba la "fiebre de los diplomas". En última instancia, queda la opción de generar su puesto de trabajo en su propia empresa.

De este modo, se evidencia entre los administradores entrevistados lo que Uccelli y García (2016) identificaron como característica de los jóvenes limeños de clase media emergente: la prevalencia de la ética emprendedora como estrategia de posicionamiento y como marco para interpretar las realidades de pobreza y desigualdad en la que muchos de ellos aún viven. Así, si bien los jóvenes limeños reconocen en la sociedad problemas como la desigualdad persistente, ello no llega a convertirse en un cuestionamiento al modelo de desarrollo que sigue el país.

> Pero los pobres son otros: frente a injusticias del sistema actual y una alta desconfianza en las instituciones señalada anteriormente, estos jóvenes considerados no pobres señalan depender de su propia agencia, de su esfuerzo personal para salir adelante. Vemos aquí cómo aparece también el discurso del éxito personal a partir del esfuerzo para superar los obstáculos que sean, no solo en el trabajo [...] sino en lo político. Este discurso concuerda con los valores e ideales de una cultura de consumo (nuevo capitalismo) y contrasta con sus realidades de trabajos precarios. Tampoco aparece en la mayoría de ellos una noción de colectivo más allá de los intereses individuales propios y de los de sus "iguales" (Uccelli y García 2016: 293).

Se impone así lo que Foucault (1991) ha llamado la "gubernamentalidad neoliberal", refiriéndose a un ejercicio de poder que no está sostenido en técnicas de dominación disciplinarias, como aquel existente hasta el siglo XVIII, sino en el despliegue de tecnologías e instituciones de vigilancia encaminadas a desarrollar formas de subjetivación en los mismos individuos. Con el advenimiento del neoliberalismo y el desborde de las lógicas de mercado a todas las áreas de la vida, esta subjetivación se caracterizaría por el manejo empresarial del yo, de acuerdo con criterios de eficiencia, eficacia y competitividad en el mercado. El individuo, de este modo, se encuentra alentado a ser un "empresario de sí mismo" (Rose 1996), a la vez que se le exige también al Estado funcionar en los mismos términos empresariales.

> Jessica: Toda es una administración, es una organización, quien lo gobierna es el administrador, el que gobierna, el que toma las decisiones. En este caso, no solo el Presidente sino el Consejo de Ministros, ya eso [...] y el Congreso que ampara todo, peor todavía...
>
> Entrevistador: ¿Ustedes creen que es un problema de gestión lo que tiene el país?
>
> Todos: Sí, sí, sí (grupo focal con estudiantes de la UNMSM).

No hay una posición política contestataria que cuestione el modelo neoliberal; si hay críticas se refieren al mal ejercicio: la corrupción, el despilfarro, la poca eficiencia. Los jóvenes han aprendido a no cuestionar las estructuras causantes de la desigualdad y, en este sentido, sí hemos encontrado la estabilidad política tan celebrada por algunos apologetas de la "nueva clase media". Sin embargo, dicha estabilidad se da a costas del mantenimiento de una estructura social jerarquizada, con mecanismos de exclusión que ponen límites a la movilidad social de las clases emergentes.

Redes sociales como mecanismo de cierre social: migrantes en Lima

Dijimos que Parkin distingue entre prácticas individuales y colectivas del cierre social. En las sociedades modernas, las estrategias individuales son la forma más común y se manifiestan sobre todo en títulos profesionales, en el credencialismo que presentamos en el capítulo anterior. Estos mecanismos del cierre repercuten en la formación de un tipo de clases sociales que nuestro autor llama "clases de nominación" (Parkin 1974: 6).

Las prácticas colectivas del cierre, en cambio, son maniobras de un determinado grupo, y se materializan en la "forma más eficaz de transmitir privilegios a su propia gente" (Parkin 1974: 6). En la terminología de Parkin, los cierres colectivos terminan generando "clases de reproducción".

En este capítulo queremos presentar —brevemente, porque el tema ha sido ampliamente estudiado, si bien no desde la perspectiva del cierre social— un ejemplo del cierre colectivo. Los protagonistas son migrantes de origen campesino en las principales ciudades del país: hombres y mujeres expulsados de las zonas rurales por la presión demográfica, la falta de perspectiva, la miseria; pero que en contraste con el fatalismo casi patológico del campesinado, postulado en un sinnúmero de estudios sobre la modernización, han progresado con un ingenio y un espíritu empresarial extraordinario.

"Otros empresarios" y "economías étnicas"

> "Los trabajadores comunes sin empleo asalariado regular tienen dos opciones. Una es abrir algún negocio ellos mismos con la esperanza de ganarse la vida ofreciendo algún bien o servicio; la segunda es engrosar las filas de los desempleados permanentes".[24]

---

24. Portes (2010: 86).

La migración interna ha cambiado el rostro del país de manera irreversible. En particular Lima "ha sufrido una metamorfosis que ni el propio Kafka podría imaginar", como dice con elocuencia Abelardo Sánchez-León en su prefacio al libro de Arellano y Burgos (2010: xiii). La manera como se ha llegado a interpretar la migración y sus consecuencias también ha cambiado. Hace 25 años, en medio de la crisis que azotó el país, Henri Favre pudo constatar todavía sin mayores reparos que "los migrantes de los Andes están irremediablemente condenados a sobrevivir en un sector periférico, inorgánico y no integrado de la sociedad, y a engrosar sus pletóricos efectivos" (1991: 48-49). Aquellos fueron los años cuando los científicos sociales disertaron sobre la "sociedad de masas" (Husson 1993), la "libanización" (Pásara 1988) y la "anomia" (Lynch 1993, Neira 1987) de la sociedad peruana.

Pero al mismo tiempo otros autores, varios de ellos vinculados con el Instituto de Estudios Peruanos (IEP), empezaron a descubrir "conquistadores de un nuevo mundo" (Degregori, Blondet y Lynch 1986), revelaron cómo un "desborde popular" (Matos Mar 1984) desafió al régimen tradicional, estudiaron "los caballos de Troya de los invasores" (Golte y Adams 1987) y alabaron el ingenio de los "nuevos limeños" (Tempo 1993). A una visión sumamente pesimista se contrapone así una dosis de fe y esperanza en relación con el nuevo rostro del Perú, y una curiosidad académica en torno a la resiliencia de sus clases populares. Ante un Estado virtualmente colapsado y en un país en guerra, ¿cómo es que muchos peruanos lograron mantener un nivel de cohesión social que no solo permitió cubrir su subsistencia, sino en numerosos casos hasta logró endosar un moderado progreso económico? En este contexto las ciencias sociales se acordaron de las redes sociales informales.

El concepto de las redes fue elaborado en los años posteriores a la Segunda Guerra Mundial, cuando los antropólogos empezaron a estudiar los vastos flujos migratorios desde aldeas o tribus relativamente homogéneas hacia ciudades multifacéticas y políglotas, y temieron que estos migrantes, al dejar atrás el contexto normativo de sus pueblos, terminarían aislados y desorganizados en una "sociedad de masas" (Kornhauser 1959). Sin embargo, los investigadores pronto descubrieron que, en vez de "perder comunidad", estos grupos no solamente establecieron lazos sociales sólidos en su nuevo entorno, sino que además mantuvieron vínculos fuertes con sus lugares de origen. Es así que se abre paso la idea de las redes sociales —es decir un determinado número de actores vinculados entre ellos mediante relaciones interpersonales— que desde entonces forma parte integral de la antropología urbana.

Los otros redescubrimientos —sobre todo en algunas publicaciones de Jürgen Golte y sus colaboradores— fueron la "ética protestante" de Max Weber y la idea, expuesta por Karl Polanyi, del "arraigo" (*embeddedness*) de la economía en relaciones sociales y en la cultura.[25] La interacción entre la economía, las relaciones sociales y la cultura se convirtió así en un nuevo enfoque para estudiar a los migrantes peruanos y las miríadas de pequeñas empresas familiares que formaban lo que en aquellos años se conocía como el "sector informal".

---

25. En su libro *The Great Transformation*, Polanyi sostenía que el mercado autorregulativo emergente en la Inglaterra del siglo XIX generó intercambios económicos separados de las relaciones sociales a las cuales habían sido acoplados (*embedded*) hasta ese entonces. Mientras que en las sociedades precapitalistas (aunque Polanyi esquiva el término) el intercambio estaba determinado por criterios sociales como reciprocidad y redistribución, el mercado autorregulativo sometía la sociedad a las demandas de la economía. En los años ochenta, la idea del *embeddedness* fue reivindicada y adaptada a las sociedades capitalistas por la llamada "Nueva Sociología Económica" (Granovetter 1985).

> Entre los empresarios hay nuevos rostros, con historias personales que nada tienen que ver con el pasado de las élites tradicionales, y con referentes culturales que corresponden principalmente a la matriz andina, hasta entones relegada de la escena oficial. Si bien es cierto que existen distancias económicas en cuanto al nivel alcanzado por uno y otro sector, importa destacar la emergencia de un nuevo tipo de empresariado nacional, asociado más al universo cultural andino y ubicado fundamentalmente a nivel de la pequeña industria informal (Adams y Valdivia 1991: 11).

Adams y Valdivia llaman a estos sectores emergentes "los otros empresarios". Su éxito se debe, en gran medida, a ciertos conocimientos prácticos que lograron explotar en las ciudades destino de su migración y a aspectos culturales entre los cuales destaca una elevada ética de trabajo,[26] así como a la solidez y previsibilidad de relaciones personales con parientes, paisanos y coétnicos. Estamos, a menudo, frente a "redes trasplantadas" (Tilly 1990),[27] en este caso del contexto rural al urbano, que no solo estimularon la creación de miles de pequeños talleres y negocios en todo el país, sino que terminaron levantando complejos comerciales como Gamarra o Caquetá en Lima.

En Gamarra, por ejemplo, tenemos a los migrantes de la comunidad aymarahablante de San Miguel de Ollaraya, en la provincia

26. Golte (1980, 1995) atribuye la ética de trabajo en la cultura andina a la baja productividad de su agricultura, que permite la reproducción de las familias solo aprovechando hasta el máximo la mano de obra disponible, de modo que el trabajo se convierta en la médula de la existencia social, más allá del ámbito netamente económico. Ello, a su vez, supone una ética concomitante, de modo que, análoga a la "ética protestante" calvinista de Max Weber, la ética de trabajo en el mundo andino penetra todos los aspectos de la vida. Véase también Neyra 1993.

27. "Redes migran; categorías se quedan; y redes crean nuevas categorías" (Tilly 1990: 84).

de Yunguyo, departamento de Puno. Su historia como empresarios confeccionistas en Lima comenzó en la década de 1960, cuando algunos jóvenes se aventuraron, ya con primeras experiencias migratorias en Tacna y Bolivia, a venir a Lima. Después de trabajar varios años en construcción, uno de ellos trajo telas y prendas de vestir de Bolivia para venderlas en Lima. En una irrupción de curiosidad y espíritu emprendedor, desarmó una casaca, la reprodujo y, para su propia sorpresa, se vendió. Poco a poco se iba perfeccionando, y cada fin de semana salió a vender a las ferias en el interior del país. En la medida que su negocio creció, necesitaba más capital y mano de obra, que reclutó entre sus amigos y paisanos traídos de su comunidad de origen. Ellos trabajaron para él hasta que sentían haber aprendido lo suficiente para independizarse y poner su propio taller. Se instalaron en el cerro El Pino, en La Victoria, apenas a un cuarto de hora de Gamarra, donde pronto se desarrolló una intensa actividad de confección en cada vez más talleres, pues cada uno iba incorporando a familiares y coterráneos llegados de Ollaraya. Ellos a su vez, después de haber conseguido los conocimientos necesarios y algunos ahorros, igualmente se independizaron. Cuando los ollarayenses finalmente entraron a Gamarra, lo hicieron a lo grande: se juntaron entre paisanos, compraron un terreno y construyeron —ellos mismos, en *mingas* y aprovechándose de las experiencias adquiridas cuando trabajaban en construcción civil— su primera galería. Desde entonces su progreso no ha parado.

En el complejo comercial de Caquetá, en el distrito de Rímac, encontramos a los migrantes de San Pedro de Ichu, otra comunidad aymara ubicada en las orillas del Titicaca, que comercializan insumos para la producción de calzado. No es casualidad que se dediquen justamente a este comercio. El pueblo de Ichu produce toda clase de verduras y es famoso sobre todo por el cultivo de la cebolla. Como las tierras eran escasas, los icheños desde generaciones atrás tenían que buscar otra fuente de ingreso, y la encontraron en la fabricación de ojotas que vendían en diferentes sitios del país a través de la migración temporal. Cuando finalmente se abre un mercado prometedor en Lima, a mediados de los años ochenta, los primeros icheños se establecen en el trébol de Caquetá, cerca del río Rímac. Desde entonces, empiezan a venir cada vez más paisanos: se produce una migración en cadena que termina generando un encadenamiento empresarial, tal como lo hemos visto entre los ollarayenses. Los primeros años se dedicaron a la venta de ojotas de caucho, y poco a poco se dispersaron en otras ramas, pero siempre relacionadas con insumos para el calzado. Aunque cada uno tiene su negocio independiente, hay una cohesión marcada entre los icheños que se expresa también en la cooperación en su nuevo ámbito. Utilizan sus fiestas religiosas, ritos de pasaje y relaciones de compadrazgo para intercambiar informaciones e instalar mecanismos informales de crédito u otras formas de cooperación que sirven para la acumulación de capital. A comienzos de los años noventa, una de las asociaciones de migrantes de la comunidad compró un terreno cerca del Trébol de Caquetá por poco menos de dos millones de dólares para construir su galería. Cerrando filas, sin dejar entrar a nadie que no fuera de su pueblo, han superado la oferta de sus competidores en 300.000 dólares.

Son dos ejemplos que demuestran cómo migrantes de la sierra han encaminado su propio proyecto de desarrollo y modernidad —una "otra modernidad", según Carlos Franco (1990). Lo hicieron trasladando su acervo cultural del campo a la ciudad, adaptándolo a las exigencias en el nuevo contexto. El fruto es lo que Golte (1997) interpretó como el germen de un "capitalismo andino". Aunque hay ejemplos entre migrantes de todo el país —por ejemplo, los identificados por Steinhauf (1991) en su estudio sobre redes de larga distancia entre migrantes de dos comunidades en Cusco; o los artesanos de la costa norte que describen Steinhauf y Huber (1997)–, la presencia de los aymara de Puno en este tipo de negocios es apabullante.

En estos últimos años, los migrantes de Unicachi, otro distrito aymarahablante en la provincia de Yunguyo y colindante con Ollaraya, se han convertido en símbolo y sinónimo para el surgimiento de una clase empresarial con base migratoria. En un comienzo su historia no tuvo características particulares en comparación con otros migrantes. Los primeros unicachinos se establecieron en Lima en los años cincuenta y encontraron trabajo en las fábricas pesqueras del Callao. Cuando estas entraron en crisis y el personal fue despedido, algunos invirtieron su liquidación en un pequeño negocio en el Mercado Minorista de La Parada. Con el tiempo cada vez más unicachinos se dedicaron a la actividad comercial produciendo un "tipo convergente" (Golte y Adams 1987) de inserción a la ciudad. En los setenta ya existía un buen número de puestos de venta en diversos mercados de Lima dirigidos por migrantes de Unicachi. En la década de 1980, en medio de la crisis, se inicia el gran salto cuando algunas familias unicachinas juntaron sus ahorros y lograron obtener préstamos de la banca privada que les permitieron comprar algunos predios en la capital. La idea era construir sus propios mercados, objetivo que se logra en los años noventa. Hacia el 2000 sus negocios ya habían crecido a una escala que permitió la formación de sociedades empresariales como la Corporación Andina de Unicachi, que es dueña de un supermercado de 5400 m^2 en La Victoria, hoy por hoy valorizado por sus propietarios en más de tres millones de dólares (Suxo 2008: 87). No son grandes compañías con un solo dueño, sino conglomerados de micro y pequeñas empresas familiares.

> Así han surgido, hasta la fecha, seis grandes mercados de capitales unicachinos en la ciudad de Lima, junto con varias otras empresas, por lo general micro y pequeñas empresas. De allí que estas empresas

> no conformen un solo "grupo empresarial unicachino" en sentido estricto, sino una colección de empresas con distintas razones sociales, aunque vinculadas por la transitoriedad de sus miembros en una y otra, así como por el peso de la raíz identitaria que las une (La Cruz Bonilla 2010: 116).

El "arraigo" del progreso económico en su cultura, la capitalización —literalmente— de sus redes sociales es un elemento presente en cada momento del proceso: "desde un principio, la autoorganización de los migrantes unicachinos se proyectó tanto a sus necesidades económicas como culturales" (La Cruz Bonilla 2010: 117).[28]

> [F]ue particularmente importante para la evolución económica de Unicachi la incorporación de elementos como la reciprocidad y la solidaridad, las expresiones artísticas, la lengua aymara y la conciencia étnica, todos ellos marcadores de nuestra identidad cultural de la nación aymara (Suxo 2008: 68).

Si bien no todos tuvieron la misma suerte y las redes de los unicachinos no están exentas de una estratificación socioeconómica, la mayoría se ha beneficiado en alguna medida de estas estrategias colectivas y el nivel de sus ingresos los ubica en la "nueva clase media" del Perú.

> Estos jóvenes que hoy rondan los 25 a 30 años ya no experimentaron las duras condiciones de pobreza vividas por sus padres, habiendo accedido a mayores oportunidades educativas y una mayor calidad de vida en general. Más aún, son ahora herederos de los logros económicos de sus padres, quiéranlo o no. Esta nueva generación de jóvenes

---

28. La importancia de la "institución social del baile" (La Cruz Bonilla 2010: 124), por ejemplo, va mucho más allá de lo lúdico; es un "vehículo aglutinante de los unicachinos y sus descendientes en torno a una identidad colectiva" (2010: 124).

limeños de origen unicachino se enmarcaría en lo que analistas como Arellano denominan la nueva clase media (La Cruz Bonilla 2010: 118).

El perfil de los empresarios-migrantes peruanos que acabamos de presentar se parece mucho al de las empresas pequeñas y medianas que en la literatura sociológica se ha venido a llamar "economías étnicas". El fundamento empírico de esta literatura son principalmente, inmigrantes en países europeos y en Estados Unidos que se distinguen por su alta presencia en moderados negocios independientes (Dana 2007). En los términos de Light y Karageorgis (1994: 647), "una economía étnica consiste de autoempleados y empleadores étnicos y sus empleados coétnicos". Como los vínculos son múltiples y la relación entre los dueños del negocio y sus trabajadores es multifuncional, la estructura de las empresas es determinada más por criterios de identidad y de parentesco que por intereses de clase, como lo exponen Bonacich y Modell en su estudio sobre inmigrantes japoneses en EE. UU.:

> Los trabajadores-familiares japoneses se consideraban no como empleados en el sentido estrecho, sino más bien como gente que tiene un interés personal en el futuro de la empresa. Se identificaron con la empresa y sus metas, y no vieron ningún conflicto entre sus intereses y los de la gerencia. Hasta trabajadores asalariados japoneses no se vieron en un conflicto de clase con los dueños, que muchas veces los trataron como miembros de la familia. Por lo general, ellos se prepararon para entrar también al pequeño negocio, utilizando el periodo de trabajo asalariado como aprendizaje (1980: 74).

Muchas veces el punto de partida para los empresarios étnicos es una desventaja estructural en el mercado de trabajo (Light 1979), pues sus oportunidades se ven trabadas por una variedad de obstáculos: pobre dominio del idioma de la sociedad receptora, capacidades inadecuadas o inapropiadas para el nuevo contexto y, a menudo, discriminaciones raciales; todos factores que dejan como única salida el autoempleo (o el desempleo, Portes *dixit*; véase la cita arriba).

La situación que encontraron los primeros migrantes andinos en Lima no era muy diferente, y la discriminación de postulantes de procedencia indígena en sus intentos por conseguir trabajo asalariado ha sido demostrada, entre otros, por MacIsaac y Patrinos (1995), Figueroa y Ballón (2005), y Valdivia (2002). A estas desventajas estructurales, muchos migrantes andinos contraponen sus "recursos étnicos" (Light y Karageorgis 1994).

Estos recursos étnicos pueden incluir, según el caso, el parentesco y un alto nivel de endogamia, la confianza mutua, determinadas costumbres específicas del grupo, la religión, el idioma, valores empresariales, una alta ética de trabajo, redes sociales multíplices y un cierto paternalismo empresarial (Light y Karageorgis 1994: 660). Debido a que estos recursos están disponibles para todos los integrantes del grupo, las estrategias de los empresarios individuales son similares. Por ejemplo, si el grupo se caracteriza por una sólida estructura familiar, los individuos se servirán de ella en el negocio; es decir, buscarán un nicho donde la familia pueda ser un medio efectivo para actuar.[29] Si, como es el caso de los migrantes andinos, el pasado rural del grupo estuvo marcado por instituciones sociales "altamente organizadas con reglas de parentesco, de obligaciones mutuas y de clientelaje" (Golte 1995: 142), utilizarán dichas instituciones cuando ingresan al mercado. En otras palabras, los esfuerzos económicos se encuentran altamente —aunque por cierto no exclusivamente— determinados por el trasfondo cultural del conjunto, sin ser necesariamente coordinados. Se trata de una serie de

29. Es una característica destacada de los empresarios chinos en el ultramar (Redding 1990).

decisiones paralelas que empujan al grupo hacia una determinada actividad económica.

Una estrategia étnica se desarrolla, entonces, sin coordinación consciente y centralizada, siempre y cuando los protagonistas tengan acceso a, y sepan beneficiarse de, recursos socioculturales que los distingan de otros empresarios. No todos los integrantes de un grupo, ni siquiera la mayoría, forman necesariamente parte de su respectiva economía étnica. Y entre los que participan no todos se benefician de la misma manera. En la medida en que la red de empleos y de empresas se va desarrollando, algunas familias hacen verdaderas fortunas, mientras que otras se quedan en el camino. Quiere decir que dentro de los grupos y las redes sociales pueden existir enormes diferencias socioeconómicas y el mundo de los inmigrantes-empresarios no presenta un ambiente libre de estratificación social, de explotación (sueldos muy bajos y extensas jornadas de trabajo parecen ser la norma), de riñas y recelos (la presión ejercida sobre los empleadores para que les den trabajo a sus paisanos). Es un mundo ambiguo, penetrado por lo que Portes y Sensenbrenner (1993) llaman "solidaridad obligada" (*bounded solidarity*) y "confianza exigible" (*enforceable trust*): un mundo de imperativos morales y sanciones intracomunales que restringen la autonomía de las decisiones individuales. "En estas situaciones, dice Alejandro Portes (1995: 12), donde 'todos conocen a todos', las normas comunales proliferan y las violaciones de obligaciones recíprocas tienen altos costos". Pero aun con estas restricciones, medir solamente las ganancias individuales, como bien dice Werbner (1984: 166), deja escapar el hecho de que el nicho económico fue creado a través de relaciones sociales.

Como hemos visto en el caso de los migrantes puneños, sus ingresos ubican a la mayoría de los "empresarios étnicos" en la clase media, razón por la cual en la sociología se los conoce también como “minorías intermedias” (*middleman minorities*; Bonacich 1973, Light 1979, Bonacich y Modell 1980):

> [U]n conjunto de minorías étnicas y raciales, incluyendo los judíos en Europa y los chinos en la Asia sureste, comparten posiciones comparables en las estructuras sociales de las sociedades en que residen. Estos grupos —llamados minorías intermedias— ocupan posiciones “medianas” antes que posiciones en el fondo de la escala social, donde más habitualmente encontramos minorías étnicas y raciales (Bonacich y Modell 1980: 13).

Obviamente los logros de los “empresarios étnicos” no se deben exclusivamente a la simple existencia de un determinado conjunto de elementos culturales. Deben existir circunstancias adecuadas para que la cultura pueda convertirse en una “caja de herramientas” (Swidler 1986: 277); debe haber lo que Waldinger, Aldrich y Ward (1990: 21) llaman la “estructura de oportunidades”, refiriéndose a las condiciones del mercado y los medios a través de los cuales se obtiene el acceso al negocio. Golte ha señalado algunos factores macroeconómicos y políticos que influyeron en la expansión de pequeñas empresas y negocios entre los migrantes andinos durante los años ochenta: un mercado desatendido a causa del aislamiento parcial del mercado mundial, restricciones a la importación después de que el primer gobierno de Alan García redujera drásticamente el pago de la deuda externa y la fuga de capitales a causa de la guerra interna. Estos factores contribuyeron a que

> [...] la población migrante en su afán emprendedor no se encontraba con un mercado con competidores y productos competitivos, sino en amplia medida con una demanda desatendida, fácilmente satisfecha si se ofrecía algún producto o servicio a bajo costo que cubriera de alguna forma la necesidad (Golte 1995: 144).

De esta manera, la "cultura empresarial" (Golte 1993) de los migrantes andinos encontró su "estructura de oportunidades" adecuada en la crisis de los años ochenta. En los años subsiguientes supieron adaptarse a los contextos cambiantes, relacionarse con la cooperación internacional y la banca, abrirse hacia nuevos actores[30] y aplicar estrategias menos empíricas y tecnologías más competitivas; pero todo eso sin perder su identidad, tal como lo han demostrado los migrantes de Ollaraya, Ichu, Unicachi y muchos otros.

El otro lado del capital social

Hemos destacado el rol decisivo de las redes sociales en la constitución de los "otros empresarios" en el Perú, pues estamos convencidos de que la observación de David Lehman sobre los "mercados informales" en México y Ecuador es aplicable también para las "economías étnicas" que acabamos de presentar: "[...] la red de conexiones familiares o paternalistas es el único medio para conseguir capital, así que la movilidad social está entrelazada con redes. Si uno logra progresar, será en conjunto con colegas, asociados o familiares" (Lehman 1990: 98).

Las redes sociales son la materia prima del "capital social" que últimamente ha ganado mucho protagonismo entre expertos del desarrollo (Kliksberg y Tomassini 2000). En las ciencias sociales, la

30. Así, los gerentes de las sociedades empresariales unicachinas, por ejemplo, ya no son necesariamente migrantes del mismo pueblo, sino pueden ser profesionales contratados sobre la base de la confianza (Moisés Suxo, comunicación personal). Por otro lado, los hijos y nietos de los migrantes de primera generación suelen matricularse en universidades "de prestigio" sin desvincularse de las actividades económicas de sus padres. Sus relaciones e interacciones con los "limeños" tanto en el campo universitario como fuera de él "no conlleva[n] a una anulación de las diferencias ni a una completa integración social entre ambos grupos" (La Cruz Bonilla 2010: 122).

noción del capital social tiene sus orígenes en la sociología clásica del siglo antepasado, pero su uso actual debe mucho a los trabajos de James Coleman (1988) y, sobre todo, de Pierre Bourdieu. Más arriba, en nuestra discusión del concepto de la clase social, mencionamos que Bourdieu extiende la noción del capital más allá de una concepción netamente pecuniaria e incluye formas "inmateriales" como el capital cultural y el capital social, definido este último como

> [...] la totalidad de los recursos potenciales o actuales asociados a la posesión de una red duradera de *relaciones* más o menos institucionalizadas de conocimiento y reconocimiento mutuos. Expresado de otra forma, se trata aquí de la totalidad de recursos basados en la *pertenencia a un grupo* (Bourdieu 2000: 148; cursiva en el original).

A partir de los años noventa, el concepto del capital social fue incluido en la teoría del desarrollo. Putnam (2000), quizás el autor con mayor influencia entre los organismos internacionales correspondientes en lo que se refiere al tema, argumenta que las redes voluntarias contribuyen a la estabilidad democrática porque fomentan hábitos de cooperación y solidaridad; la interacción genera confianza que, a su vez, favorecería el desarrollo económico. Este enfoque fue adoptado por agencias como el Banco Mundial en su lucha contra la pobreza.

Sin embargo, el entusiasmo por las redes y su capital social ha ocasionado también algunas críticas. Harriss (2001), por ejemplo, acusa a Putnam y al Banco Mundial de ocultar las relaciones de poder que muchas veces impiden que los pobres puedan "implementar" su capital social.[31] En la terminología expuesta arriba, faltaría

31. "¿Acaso no es perfectamente posible que los pobres tengan grandes 'stocks' de capital social en el sentido de que existen densas redes sociales entre ellos y altos niveles de reciprocidad y de confianza, pero que se les niega el acceso

la "estructura de oportunidades" que les permita poner en valor sus redes sociales. Pero la crítica que más nos interesa acá fue expresada por Portes y Landolt, quienes señalan cómo los mismos factores que para un determinado colectivo figuran como "capital social", para otros grupos pueden presentarse como mecanismos de exclusión:

> [...] la literatura [sobre el capital social] tiende a enfatizar las consecuencias positivas de las relaciones sociales, pero se olvidan de sus consecuencias menos deseables. Sin embargo, los mismos mecanismos utilizados por individuos como capital social pueden llevar a un conjunto de resultados negativos para otros. [...] Por ejemplo, los mismos lazos fuertes que permiten a los miembros de un grupo obtener un acceso privilegiado a recursos excluyen a otros de conseguir estos mismos activos (Portes y Landolt 2000: 532-533).

Una de las consecuencias de este "capital social negativo" sería el "cierre de oportunidades económicas para terceros" (2000: 534). Eso es precisamente lo que encontró Waldinger (1995) en su trabajo comparativo sobre el "otro lado del arraigo [*embeddedness*]" y en su estudio de caso sobre el mercado laboral en la industria textil de Los Ángeles, California, donde por primera vez aplica el enfoque del cierre social de Parkin (Waldinger 1997). Waldinger critica el afán de los estudios sobre las redes sociales por destacar los aspectos positivos de la "fuerza de los lazos fuertes" (*strength of strong ties*), pues no se toma en cuenta que esta fuerza se expresa a menudo en exclusión de posibles competidores, es decir en la generación de cierre social. Cuando, como en el caso que él ha estudiado, un grupo de inmigrantes del mismo origen étnico consigue el monopolio en el acceso al empleo en una determinada rama industrial,

---

a recursos materiales? Su 'capital social' no tiene el mismo valor que aquel asociado con las relaciones sociales entre, por decir, los miembros de un club de élite" (Harriss 2001: 6).

aprovechándose del capital social de sus redes personales, entonces este mismo grupo restringe el mercado laboral y perjudica a todos aquellos que no forman parte de estas redes. Se produce así un cierre social "horizontal" o "lateral".

> Puesto que el empleo está étnicamente segmentado, el cierre también puede ser ejercido hacia grupos colocados lateralmente. Mientras que las relaciones sociales concentran la actividad económica en una comunidad étnica y así mejoran el desenvolvimiento y la eficiencia de los intercambios económicos entre los miembros de esta comunidad, estas mismas conexiones implícitamente restringen a los externos. De hecho, mientras más integrados los actores económicos étnicos estén en relaciones densas y multilaterales, más fuertes son los mecanismos para excluir a los foráneos y las motivaciones para hacerlo. [...] El cierre excluyente, para prestarnos la terminología de Parkin una vez más, se produce cuando los *insiders* étnicamente definidos intentan monopolizar las oportunidades de trabajo para los miembros de su red y apartar a los *outsiders* (Waldinger 1997: 6).

Ejemplos de esta índole hemos observado también entre los "otros empresarios" en Lima, cuando los migrantes aplican la "fuerza de sus lazos fuertes" con el objetivo de ganar ventajas sobre terceros. Arriba mencionamos el caso de la asociación de icheños en Caquetá, que había comprado un terreno por casi dos millones de dólares, superando ampliamente la oferta de otros interesados. La ira de la presidenta de una asociación contrincante que entrevistamos aquella vez, oriunda de la costa norte que no cuenta con una red social amplia y cohesionada como los puneños, marca la diferencia:

> Los puneños son racistas pues, ¿ya? Son racistas, no les gusta que, por ejemplo, si tú quieres hacer algo, si tú no eres puneña no te toman en cuenta. Tienes que ser del mismo sitio, o si quieres comprar mercadería, entre ellos nomás compran, no les permiten a otras personas comprar nada. Por eso te digo: los puneños son traicioneros, los puneños son egoístas.

Los trabajos de Waldinger y nuestra cita demuestran que es perfectamente posible interpretar el surgimiento de las "economías étnicas" como resultado del cierre social. En este caso se trataría de un cierre colectivo y horizontal –entre grupos que parten del mismo estrato social– que abre importantes oportunidades económicas para unos y excluye a otros. En la terminología de Parkin, "solidarismo" sin "usurpación".

Dos aclaraciones para cerrar este acápite: primero, está demás señalar que economías étnicas como aquellas que hemos presentado no son la única manera como se constituyen los "otros empresarios"; el hecho de que las economías étnicas sean economías de migrantes no significa que *todas* las economías de migrantes sean economías étnicas. Y segundo, más importante aún, evidentemente no todos los migrantes andinos se convierten en empresarios exitosos. Hay que tener en cuenta que nuestro interés no era presentar un panorama general de las pequeñas y microempresas, ni de la migración. Lo que queríamos exponer es un ejemplo empírico que demuestra cómo el cierre social funciona para restringir el acceso de posibles contendientes a las "probabilidades económicas", tal como lo observó Max Weber a comienzos del siglo pasado. Y el objetivo del cierre social, vale insistir, es la exclusión, no generar mayor igualdad.

Liberalismo altiplánico

En su libro sobre las alasitas, Jürgen Golte y Doris León (2014) interpretan las prácticas e ideas económicas inmersas en el comercio de las miniaturas entre la población de origen migrante en Lima como expresión de idearios afines a "las ideas del inicial liberalismo europeo" (2014: 13). Contrario a los postulados de una izquierda que atribuye a los campesinos y migrantes andinos una "vocación socialista", la cultura altiplánica —impregnada con una tradición histórica de experiencias comerciales— estaría determinada por "ideales de ascenso social mediante la acumulación de bienes materiales a través de su inserción en el mercado" (2014:14). Así pues, sus sujetos, "cuando pueden, tratan de situarse en la pequeña burguesía" (2014: 278) y mantienen un pensamiento orientado "al logro del bienestar y de la 'prosperidad' económica" que encuentra en el liberalismo su doctrina adecuada en la medida que "haya facilitado un cambio ideológico en el sentido de que hoy se puede buscar riqueza sin remordimiento o preocupación político-ideológica alguna" (2014: 280).

Si las apreciaciones de Golte y León son ciertas se repite, si bien no necesariamente por las mismas razones, el panorama que encontramos también entre los administradores universitarios y egresados, pues tampoco en estos segmentos de la "nueva clase media" predomina la oposición al modelo neoliberal, del cual, más bien, tratan de sacar el mayor beneficio posible. Esta observación tiene validez no solo para los empresarios, sino por igual para los trabajadores dependientes:

> Lo que diferencia a los consumidores de alasitas del proletariado del siglo XIX es que son menos propensos a una sindicalización y a un movimiento que exija mejores condiciones al capital, ya que ven al grupo de empresarios que los emplea como aquellos que ofrecen una vía a la modernidad buscada (Golte y León 2014: 280).

El Estado, a su vez, no es el cuerpo político que habría que cambiar o al menos reformar en pos de mayor justicia social, sino un ente ajeno al que "evaden en cuanto les es posible" (2014: 282). Viéndolo así, la estabilidad política que muchos autores atribuyen a la expansión de la "nueva clase media" se debería más al oportunismo que a los valores democráticos de estos estratos sociales.

Conclusiones

"Las clases-para-sí son escasas en estos días".[1]

Una década de crecimiento económico ha cambiado el rostro del Perú, qué duda cabe. Basta con ver el *boom* inmobiliario o la expansión de los templos de consumo no solo en Lima, sino también en las ciudades del interior, para darse cuenta de que nuevos sectores sociales han adquirido un poder adquisitivo antes desconocido. El país se inscribe así en un proceso que muchos autores han identificado como tendencia mundial y que habría forjado una "nueva clase media global" con características específicas, entre las cuales destacarían hábitos de consumo similares y un conjunto de valores que tendrían un impacto positivo sobre la estabilidad política y la democracia. En el caso peruano, la tradicional pirámide de la estructura social se habría convertido de esta manera en un rombo, emblema no solo de más prosperidad, sino también de mayor igualdad y justicia social.

1. Portes (2010: 98).

Nuestro trabajo se ha centrado en la *formación* de esta "nueva clase media" peruana —¿qué factores hay detrás de su expansión?—, y partimos de la idea de que la migración y la masificación de la educación superior fueron elementos importantes al respecto en diferentes momentos: la primera sobre todo durante la crisis de los años ochenta y la segunda durante el *boom* económico de la última década. Como herramienta analítica hemos aplicado el concepto neoweberiano del cierre social. A pesar de sus limitaciones expuestas arriba —inherentes a las "teorías de rango medio"—, esperamos haber demostrado que el concepto es útil para analizar sociedades contemporáneas que se han complejizado tremendamente —no solo en el Perú— y vueltas "menos legibles" (Fitoussi y Rosanvallon 1997: 29). Lo que nos atrajo en el enfoque de Parkin y otros teóricos del cierre social era sobre todo el aspecto procesual que pone énfasis en las dinámicas de la estratificación social. Coincidimos en este sentido con el politólogo Adam Przeworski cuando afirma que "el proceso de la formación de clases es perpetuo: las clases son continuamente organizadas, desorganizadas y reorganizadas" (Przeworski 1985: 71), y no encontramos mejor herramienta para retratar esta dinámica en una sociedad cambiante como el Perú "de ingreso medio".

Hemos visto que la educación superior y la migración representan tipos diferentes del cierre social. En educación sobresale un mecanismo que en sociología se conoce como credencialismo. El diploma (la "credencial") es un primer filtro para conseguir un puesto de trabajo remunerado, incluso en los niveles de complejidad más bajos, pues acredita quién puede considerarse "profesional" y quién no. Ello va de la mano con la proliferación de universidades privadas posdesregulación con fines de lucro y, en su mayoría, de deficiente calidad académica, pero con el derecho de otorgar títulos de educación superior. También hemos visto cómo en el mercado laboral se hacen efectivas otras formas de cierre, pues el diploma mantiene un valor que va más allá de certificar los conocimientos impartidos en la enseñanza y está estrechamente relacionado al estatus de la respectiva universidad, del cual a su vez se deduce el capital social y cultural de los absolventes. De esta manera se instituyen jerarquización y barreras entre profesionales de la misma carrera.

La historia de los "otros empresarios" que recurren a sus redes sociales como mecanismo del cierre, a su vez, relativiza en cierta medida afirmaciones de autores como Portes[2] y el mismo Dore[3] respecto del limitado potencial de las pequeñas empresas. Es cierto que compañías grandes constituidas por migrantes son, si es que las hay, contadas excepciones y lo común son más bien conglomerados de negocios pequeños o medianos como los mercados de los unicachi o las galerías de los ollarayenses. Sin embargo, son negocios lo suficientemente sólidos como para ubicar a sus dueños —en lo que se refiere a sus ingresos— en la "nueva clase media", probablemente más consolidados que los egresados de universidades posdesregulación que dependen de su título profesional. También en el interior de estos sectores existe estratificación social, tal como hemos visto en la discusión de las "economías étnicas".

La "nueva clase media" del Perú presenta así un panorama sumamente diverso, un aspecto que en la literatura sociológica se ha observado como característica de las clases medias en general. Lo

---

2. "Las empresas pequeñas y a menudo informales que empiezan los trabajadores desplazados no pueden equipararse con aquellas establecidas por los miembros de las clases dominantes, ya que estas últimas son impulsadas con la lógica de acumulación de capital, mientras que la pequeña empresa es solo un medio para la supervivencia" (Portes 2010: 87).

3. "[Las] pequeñas empresas, que son en su mayoría asuntos familiares que ofrecen poco empleo asalariado, rara vez muestran posibilidades de expansión en empresas modernas" (Dore 1976: 74).

único que permite articular conceptualmente a estos sectores es el hecho de que su nivel de ingresos ha aumentado durante los últimos diez o veinte años. Volviendo al dictamen de Marx en su *18 Brumario*, en la medida que viven en condiciones económicas similares, constituyen una clase. Sin embargo, como el mismo Marx advirtió, la "medida de la cartera" no los convierte en un actor colectivo ni mucho menos en una "comunidad de destino" (E. P. Thompson); en este sentido *no* constituyen una clase. Considerar solo el ingreso reduce el término a una categoría netamente descriptiva y no permite hacer predicciones sobre sus posturas sociopolíticas.

Más allá de cuestiones epistemológicas en torno a la clase social, es innegable que la masificación de la educación ha permitido que sectores antes excluidos dispongan de más recursos económicos, y que muchos de los migrantes hayan progresado con un ingenio empresarial lleno "de logros, de orden y concierto" (Golte y Adams 1987: 19). Sin embargo, la pregunta que nos hacemos es en qué medida este proceso efectivamente ha cambiado la *fisionomía* de la estructura social del Perú. ¿Es cierto que el triángulo ya es cosa del pasado, tal como lo sostiene el discurso del "rombo"? Tenemos nuestras dudas.

El sociólogo Ulrich Beck (1998) constató un aumento generalizado del bienestar en la Alemania occidental después de la Segunda Guerra Mundial que beneficiaba también a los sectores menos favorecidos: más ingresos, más educación, más derechos, más consumo para todos. Beck llamó a este fenómeno el "efecto ascensor": en una coyuntura de bonanza, *todos* suben un nivel; pero con eso no se reduce la distancia entre ricos y pobres, es decir la desigualdad. Interpretando los hallazgos de nuestro estudio en estos términos, nos preguntamos si la figura adecuada para retratar la estructura social del Perú contemporáneo no sería más bien una pirámide subida al segundo piso, y no tanto un "rombo".

El caso de los profesionales en administración, donde existe una marcada jerarquía social intraprofesional, demuestra cómo las desigualdades se mantienen y reproducen, y cómo la movilidad social impulsada por la educación superior tiene límites bastante estrechos. El nivel de ascenso que permiten los títulos de las universidades-empresas se frena rápidamente ante los diferentes mecanismos del cierre social que hemos descrito: recursos económicos, jerarquización de las universidades, capital social y cultural. Muchos integrantes de la "nueva clase media" provenientes de estas universidades se caracterizan así por un alto nivel de vulnerabilidad y su acceso al mercado laboral suele limitarse a puestos de menor jerarquía o al autoempleo.

Por otro lado, obviamente no todos los migrantes se han convertido en empresarios exitosos. Aquellos que lo lograron se distinguen —al menos hasta el momento— por utilizar estrategias propias de las "economías étnicas" (y de lo que en su momento se llamó el "sector informal"): los recién llegados consideran el trabajo para algún familiar o coétnico como una manera de inversión que les permite aprender las reglas del negocio, y apenas se sienten preparados se independizan y abren su propio taller, originándose de esta manera una "cadena empresarial" (Werbner 1984: 187). Eso —suponiendo que les va bien— le da cierta solidez a su nivel de ingresos, pero también pone límites al crecimiento de las empresas.[4] Se trata

4. Dicho sea de paso, el fenómeno no se da solo en el Perú ni tampoco solo en el "sector informal". Entre los llamados "tigres asiáticos", las empresas chinas no llegan ni aproximadamente a las dimensiones de los conglomerados japoneses o coreanos. Interpretado como resultado de una ética "posconfucionista", la empresa familiar china suele ser dominada por una sola familia que, en la medida de lo posible, evita la administración profesional y confía más bien en la autoridad personal del fundador. Cuando el negocio "amenaza" con crecer demasiado, se lo divide entre los familiares (Redding 1990).

de una restricción, si se quiere, autoimpuesta que mantiene a los "otros empresarios" alejados de los centros del poder económico.

Zygmunt Bauman (2011) ha denunciado el —según él— "error" de evaluar la estabilidad de una sociedad en relación con sus promedios (como la renta media o los cocientes de bienestar) y pone el ejemplo del fusible (la parte que se inserta deliberadamente en las instalaciones eléctricas con el fin de que en caso de alguna emergencia se derrita antes que cualquier otro segmento) para demostrar cómo los sistemas —en este caso el circuito, pero según el autor también los conjuntos sociales— suelen romperse en la parte más débil. Por ello Bauman insiste en la importancia de considerar la *desigualdad* —un concepto relacional—, la cual genera más "víctimas colaterales" de una "globalización descontrolada y descoordinada con fines de lucro" (2011: 4), y por lo tanto contiene más dinamita social, que el concepto absoluto de la pobreza. He aquí el reto para una teoría social que se propone ofrecer salidas en vez de limitarse a descripciones: "si el análisis de clase tiene todavía un rol por cumplir es aquel de seguir enfatizando la bruta realidad de la desigualdad social" (Savage 2000: 159, citado en Ball 2003: 5). Es precisamente este aspecto el que se encubre con el discurso del "rombo".

En el ámbito subjetivo, hemos encontrado un alto nivel de autorregulación que Foucault denomina "gubernamentalidad neoliberal": virtudes del individualismo competitivo y de la responsabilidad propia entre los administradores, expresado en un vocabulario con ética de empresa: competencia, audacia, el impulso para triunfar. Cuando las cosas no les salen bien, no cuestionan el sistema, sino se responsabilizan a sí mismos y entran en el juego de la "fiebre de los diplomas". También el "liberalismo altiplánico" de los migrantes apuesta por el esfuerzo y la voluntad propia. En general, predomina una visión meritocrática de las oportunidades, según la cual las mejoras cosas estarán reservadas para aquel que más se esfuerce. En esta retórica emprendedora, las barreras estructurales son minimizadas en su importancia, y su superación depende en gran medida del desarrollo de "habilidades blandas", como el emprendedurismo y el liderazgo.

En ninguno de los dos sectores hay presencia notable de posiciones contestatarias al sistema dominante; ambos son "liberales" por voluntad propia. Si la "nueva clase media" efectivamente es garante de la estabilidad política tan celebrada por sus apologetas es por *despolitización*, no por la predilección democrática —funcional o innata— de estos sectores.

Bibliografía

Abercrombie, Nicholas y John Urry
1983 *Capital, Labour and the Middle Classes*. Londres: Allen & Urwin.

Abercrombie, Nicholas, Bryan Turner y John Urry
1976 "Class, State and Fascism. The Work of Nicos Poulantzas". *Political Studies*, 24 (4): 510-519.

Adamovsky, Ezequiel
2013 "'Clase media': reflexiones sobre los (malos) usos académicos de una categoría". *Nueva Sociedad*, n.º 247: 38-49.

Adams, Norma y Néstor Valdivia
1991 *Los otros empresarios. Ética de migrantes y formación de empresas en Lima*. Lima: Instituto de Estudios Peruanos.

Alexander, Malcolm L.
2005 "Social Inclusion, Social Exclusion and Social Closure: What Can We Learn from Studying the Social Capital of Social Elites?". Proceedings of the International Conference on Engaging Communities, Griffiths University, Brisbane, agosto 2005. Disponible en: <http://bit.ly/2hgKMYF> (última consulta: 02/03/2015).

Ansion, Juan
1993 "El mito de la escuela hoy". En Juan Ansión *et al. La escuela en tiempos de guerra*. Lima: Tarea.

Archer, Louise, Merryn Hutchings y Alistair Ross
2003 *Higher Education and Social Class. Issues of Exclusion and Inclusion*. Londres, Nueva York: RotledgeFalmer.

Arellano, Rolando
2010 *Al medio hay sitio. El crecimiento social según estilos de vida*. Lima: Planeta, Arellano Marketing.

Arellano, Rolando y David Burgos A.
2010 *Ciudad de los Reyes, de los Chávez, los Quispe*... Lima: Arellano Marketing.

Aristóteles de Estagira
1989 *Politeía (La Política)*. Bogotá: Biblioteca de Publicaciones del Instituto Caro y Cuervo.

Arnold, Jens y João Jalles
2014 *Dividing the Pie in Brazil: Income Distribution, Social Policies and the New Middle Class*. París: OECD Publishing, OECD Economics Department Working Papers, n.° 1105.

Ball, Stephen J.
2003 *Class Strategies and the Education Market. The Middle Classes and Social Advantage*. Londres, Nueva York: RoutledgeFalmer.

Banerjee, Abhijit V. y Esther Duflo
2008 "What is Middle Class about the Middle Classes around the World?". *Journal of Economic Perspectives*, 22 (2): 3–28.

Barbalet, J. M.
1982 "Social Closure in Class Analysis. A Critique of Parkin". *Sociology*, 16 (3): 484-497.

1986 "Limitations of Class Theory and the Disappearance of Status: The Problem of the New Middle Classes". *Sociology*, 20 (4): 557-575.

Barro, Robert J.
1999 "Determinants of Democracy". *Journal of Political Economy*, 107 (6): S158-S183.

Bauman, Zygmunt
2011 *Collateral Damage. Social Inequalities in a Global Age*. Cambridge: Polity Press.

Beck, Ulrich
1998 *La sociedad del riesgo. Hacia una nueva modernidad*. Barcelona, Buenos Aires, México: Paidós.

2007 "Beyond class and nation: reframing social inequalities in a globalizing world". *The British Journal of Sociology*, 58 (4): 679-705.

Beck, Ulrich y Elisabeth Beck-Gernsheim
2002 *Individualization: Institutionalized Individualism and its Social and Political Consequences*. Londres: Sage.

Becker, Gary S.
1993 [1964] *Human Capital: A Theoretical and Empirical Analysis with Special Reference to Education* (3ª ed.). Chicago, Londres: University of Chicago Press.

Benavides, Martín
2004 "Educación y estructura social en el Perú. Un estudio acerca del acceso a la educación superior y la movilidad intergeneracional en una muestra de trabajadores urbanos". En Patricia McLauchlan de Arregui, Martín Benavides y Santiago Cueto. *¿Es posible mejorar la educación peruana?: evidencias y posibilidades*. Lima: Grade.

2007 "Estructura ocupacional y formación de clases en el Perú: ¿qué nos dice la evidencia sobre el Perú reciente?". En Orlando Plaza y Jeanine Anderson. *Clases sociales en el Perú: visiones y trayectorias*. Lima: Cisepa.

BENAVIDES, Martín y Manuel ETESSE
2012 "Movilidad educativa intergeneracional, educación superior y movilidad social en el Perú: evidencias recientes a partir de encuestas a hogares". En Ricardo Cuenca (ed.). *Educación superior, movilidad social e identidad*. Lima: Instituto de Estudios Peruanos.

BERNSTEIN, Basil
1996 *Pedagogy. Symbolic Control and Identity*. Londres: Taylor and Francis.

BIRDSALL, Nancy
2012 *A Note on the Middle Class in Latin America*. Washington D. C.: Center for Global Development, Working Paper, n.° 303.

BIRDSALL, Nancy, Carol GRAHAM y Stefano PETTINATO
2000 *Stuck In The Tunnel: Is Globalization Muddling The Middle Class?* Washington D. C.: Brookings Institution, Center on Social and Economic Dynamics, Working Paper n.° 14.

BOLZ, Norbert
2009 *Diskurs über die Ungleichheit*. Munich: Wilhelm Fink.

BONACICH, Edna
1973 "A Theory of Middleman Minorities". *American Sociological Review*, n.° 38: 583-594.

BONACICH, Edna y John MODELL
1980 *The Economic Basis of Ethnic Solidarity. Small Business in the Japanese American Community*. Berkeley, Los Ángeles, Londres: University of California Press.

BOURDIEU, Pierre
1990 "Espacio social y génesis de las clases". En Pierre Bourdieu. *Sociología y cultura*. México D. F.: Grijalbo.

1991 *La distinción. Criterio y bases sociales del gusto*. Madrid: Taurus.

1994 "¿Qué es lo que hace una clase social? Acerca de la existencia teórica y práctica de los grupos'". *Revista Paraguaya de Sociología*, año 31, n.º 89: 7-21.

2000 "Las formas del capital. Capital económico, capital cultural y capital social". En Pierre Bourdieu. *Poder, derecho y clases sociales*. Bilbao: Desclée de Brouwer.

2002 "Condición de clase y posición de clase". *Revista Colombiana de Sociología*, 7 (1): 119-141.

2008 *Homo academicus*. Buenos Aires, México, Madrid: Siglo XXI.

BOURDIEU, Pierre y Jean-Claude PASSERON
1977 *Reproduction in Education, Society and Culture*. Londres, Newbury Park, Nueva Delhi: Sage.

BOURRICAUD, François
1967 *Poder y sociedad en el Perú*. Lima: Instituto de Estudios Peruanos.

BRANTLINGER, Ellen
2003 *Dividing Classes. How the Middle Class Negotiates and Rationalizes School Advantage*. Nueva York, Londres: RoutledgeFalmer.

BRAVERMAN, Harry
1974 *Labor and Monopoly Capital. The Degradation of Work in the Twentieth Century*. Nueva York: Monthly Review Press.

BROWN, David K.
1995 *Degrees of Control. A Sociology of Educational Expansion and Occupational Credentialism*. Nueva York, Londres: Teachers College, Columbia University.

BROWN, Phillip
1995 "Cultural Capital and Social Exclusion: Some Observations on Recent Trends in Education, Employment and the Labour Market". *Work, Employment & Society*, 9 (1): 29-51.

Burris, Val
1986 "The Discovery of the New Middle Class". *Theory and Society*, n.º 15: 317-349.

Cánepa, Gisela
2014 "Peruanos en Nebraska: una propuesta de lectura crítica del spot publicitario de Marca Perú". En *Sensibilidad de frontera: comunicación y voces populares*. Lima: Fondo Editorial de la Pontificia Universidad Católica del Perú.

Carchedi, Guglielmo
1975 "On the Economic Identification of the New Middle Class". *Economy and Society*, 4 (1): 1-86.

Cárdenas, Mauricio, Homi Kharas y Camila Henao
2011 *Latin America's Global Middle Class*. Washington D. C.: Brookings Institution.

Carrier, James G.
2015 "The Concept of Class". En James G. Carrier y Don Kalb (eds.). *Anthropologies of Class. Power, Practice and Inequality*. Cambridge: Cambridge University Press.

Carter, Bob
1985 *Capitalism, Class Conflict and the New Middle Class*. Londres, Boston, Melbourne, Henley: Routledge & Kegan Paul.

Castellani, Francesca y Gwenn Parent
2011 *Being 'Middle-Class' in Latin America*. Issy-les-Moulineaux: OECD Development Centre, Working Paper, n.º 305.

Clark, Terry Nichols y Seymour Martin Lipset
1991 "Are Social Classes Dying?". *International Sociology*, 6 (4): 397-410.

Clark, Terry Nichols, Seymour Martin Lipset y Michael Rempel
1993 "The Declining Political Significance of Social Class". *International Sociology*, 8 (3): 279-293.

COLEMAN, James
1988 "Social Capital in the Creation of Human Capital". *American Journal of Sociology*, n.º 94, Suplemento: S95-S120.

COLEMAN, James S. *et al.*
1966 *Equality of Educational Opportunity*. Washington: Government Printing Office.

COLLINS, Randall
1971 *Functional and conflict theories on educational stratification*. Berkeley: University of California.

1975 *Conflict Sociology. Toward an Explanatory Science*. Nueva York: Academic Press.

1989 [1979] *La sociedad credencialista. Sociología histórica de la educación y la estratificación*. Madrid: AKAL.

1990 "Market Closure and the Conflict Theory of the Professions". En Michael Burrage y Rolf Torstendahl (eds.). *Professions in Theory and History. Rethinking the Study of the Professions*. Londres: Sage.

CROMPTON, Elizabeth
2008 *Class and Stratification* (3ª ed.). Cambridge: Polity Press.

CROSSICK, Geoffrey
1991 "From Gentlemen to the Residuum: Languages of Social Description in Victorian Britain". En Penelope J. Corfield (ed.). *Language, History and Class*. Oxford: Basil Blackwell.

CUENCA, Ricardo
2012 "¿Una 'otra' movilidad social? Una mirada desde la exclusión". En Ricardo Cuenca (ed.). *Educación superior. Movilidad social e identidad*. Lima: Instituto de Estudios Peruanos.

2014 "La educación superior en el Perú: expansión, calidad e inclusión". En José Joaquín Brunner y Carlos Villalobos (eds.).

Políticas de educación superior en Iberoamerica, 2009-2013. Santiago de Chile: Universidad Diego Portales.

Cuenca, Ricardo y Paola Patiño
2014 "Profesionalización femenina desde los márgenes. Trayectorias de mujeres indígenas hacia la educación superior". En Silvana Vargas (comp.). *Bajo el radar de Sofía. Oportunidades y barreras de las profesionales en el Perú*. Lima: Instituto de Estudios Peruanos (libro electrónico disponible en <http://bit.ly/2gasIPz>).

Dahrendorf, Ralf
1962 *Las clases sociales y su conflicto en la sociedad industrial*. Madrid: Ediciones Rialp.

Dana, Léo-Paul (ed.)
2007 *Handbook of Research on Ethnic Minority Entrepreneurship*. Cheltenham, Northampton: Edward Elgar.

Davis, Kingsley y Wilbert E. Moore
1945 "Some Principles of Stratification". *American Sociological Review*, n.° 10: 242-249.

Day, Gary
2001 *Class*. Londres, Nueva York: Routledge.

Degregori, Carlos Iván
1986 "Del mito de Inkarrí al mito del progreso: poblaciones andinas, cultura e identidad nacional". *Socialismo y Participación*, n.° 36: 49-56.

1990 *Ayacucho 1969-1979. El surgimiento de Sendero Luminoso*. Lima: Instituto de Estudios Peruanos.

Degregori, Carlos Iván y Pablo Sandoval
2009 *Antropología y antropólogos en el Perú: la comunidad académica de ciencias sociales bajo la modernización neoliberal*. Lima: Instituto de Estudios Peruanos, Clacso.

Degregori, Carlos Iván, Cecilia Blondet y Nicolás Lynch
1986 *Conquistadores de un nuevo mundo. De invasores a ciudadanos en San Martín de Porres*. Lima: Instituto de Estudios Peruanos.

Donzelot, Jacques
1991 "Pleasure in Work". En Graham Burchell, Colin Gordon y Peter Miller. *The Foucault Effect. Studies in Governmentality* . Chicago: University of Chicago Press.

Dore, Ronald
1976 *The Diploma Disease. Education, Qualification and Development*. Berkeley, Los Ángeles: University of California Press.

Dworkin, Dennis
2007 *Class Struggles*. Harlow: Pearson Longman.

Edgell, Stephen
1993 *Class. Key Ideas*. Londres, Nueva York: Routledge.

Ehrenreich, Barbara
1989 *Fear of Falling. The Inner Life of the Middle Class*. Nueva York: Pantheon Books.

Engels, Federico
1845 *La situación de la clase obrera en Inglaterra*. Disponible en: <https://www.marxists.org/espanol/m-e/1840s/situacion/situacion.doc>.

Erikson, Robert, John H. Goldthorpe y Lucienne Portocarero
1979 "Intergenerational Class Mobility in Three Western European Societies: England, France and Sweden". *The British Journal of Sociology*, 30 (4): 415-441.

European Union Institute for Security Studies
2012 *Global Trends 2030-Citizens in an Interconected and Polycentric World*. París: Espas.

Favre, Henri
1991 "Reforma agraria y etnicidad en el Perú durante el Gobierno Revolucionario de las Fuerzas Armadas (1968-1980)". *Cuadernos Americanos*, año 5, 6 (30): 23-49.

Ferreira, Francisco H. G. *et al.*
2013 *Economic Mobility and the Rise of the Latin American Middle Class.* Washington D. C.: The World Bank.

Figueroa, Adolfo
2001 *Reformas en sociedades desiguales. La experiencia peruana.* Lima: Fondo Editorial de la Pontificia Universidad Católica del Perú.

Figueroa, Adolfo y Manuel Barrón
2005 *Inequality, Ethnicity and Social Disorder in Peru.* Oxford: Crise, Working Paper, n.º 8.

Fitoussi, Jean-Paul y Pierre Rosanvallon
1997 *La nueva era de las desigualdades.* Buenos Aires: Ediciones Manantial.

Foucault, Michel
1991 "Governmentality". En Graham Burchell, Colin Gordon y Peter Miller (eds.). *The Foucault Effect: Studies in Governmentality.* Chicago: University of Chicago Press.

Franco, Carlos
1990 "Exploraciones en 'otra modernidad': de la migración a la plebe urbana". En Henrique Urbano (ed.). *Modernidad en los Andes.* Cuzco: Centro Bartolomé de Las Casas.

Franco, Rolando y Martín Hopenhayn
2010 "Las clases medias en América Latina. Historias cruzadas y miradas diversas". En Rolando Franco, Martín Hopenhayn y Arturo León (coords.). *Las clases medias en América Latina. Retrospectiva y nuevas tendencias.* Santiago de Chile: CEPAL, Naciones Unidas, Siglo XXI.

Franco, Rolando, Martín Hopenhayn y Arturo León
2011 "Crece y cambia la clase media en América Latina: una puesta al día". En *Revista CEPAL*, n.º 103: 7-26.

Freidson, Eliot
1986 *Professional Powers. A Study of the Institutionalization of Formal Knowledge*. Chicago, Londres: University of Chicago Press.

Gamero, Julio y Molvina Zeballos (eds.)
2003 "La clase media ¿existe?" *Perú Hoy* n.º 4. Lima: Desco.

Gayo, Modesto
2013a "Revisiting Middle-Class Politics: A Multidimensional Approach. Evidence from Spain". *The Sociological Review*, vol. 61: 814–837.

2013b "El problema de la delimitación o *boundary problem*. Una aproximación a la definición de la clase media". *Polis. Revista Latinoamericana*, 12 (36): 367-386.

Geiger, Theodor
1930 "Panik im Mittelstand [Pánico en la clase media]". *Die Arbeit*, n.º 10: 637-654.

Giddens, Anthony
1973 *The Class Structure of the Advanced Societies*. Londres: Hutchinson University Library.

1980 "Review Essay: Classes, Capitalism, and the State. A Discussion of Frank Parkin. *Marxism and Class Theory, A Bourgeois Critique*". *Theory and Society*, n.º 9: 877-890.

1979 *La estructura de clases en las sociedades avanzadas*. Madrid: Alianza Universidad.

1993 *Consecuencias de la modernidad*. Madrid: Alianza.

GOLDTHORPE, John H.

1980 *Social Mobility and Class Structure in Modern Britain.* Oxford: Clarendon.

1982 "On the Service Class. Its Formation and Future". En Anthony Giddens y Gavin MacKenzie. *Social Class and the Division of Labour.* Cambridge: Cambridge University Press.

GOLTE, Jürgen

1980 *La racionalidad de la organización andina.* Lima: Instituto de Estudios Peruanos.

1993 "El Perú y los países ex-socialistas de Europa Central y Oriental". *Argumentos*, n.º 6: 10-13.

1995 "Nuevos actores y culturas antiguas". En Julio Cotler (ed.), *Perú 1964-1994. Economía, sociedad y política.* Lima: Instituto de Estudios Peruanos.

1997 "Polanyi, la Gran Transformación y un capitalismo andino". En Rafael Varón Gabai y Javier Flores Espinoza (eds.), *Arqueología, antropología e historia en los Andes. Homenaje a María Rostworowski.* Lima: Instituto de Estudios Peruanos.

GOLTE, Jürgen y Norma ADAMS

1987 *Los caballos de Troya de los invasores. Estrategias campesinas en la conquista de la Gran Lima.* Lima: Instituto de Estudios Peruanos.

GOLTE, Jürgen y Doris LEÓN GABRIEL

2014 *Alasitas. Discursos, prácticas y símbolos de un "liberalismo aymara altiplánico" entre la población de origen migrante en Lima.* Lima: Instituto de Estudios Peruanos, Universidad Nacional de Juliaca, CBC.

GRANOVETTER, Mark

1985 "Economic Action and Social Structure: The Problem of Embeddedness". *American Journal of Sociology*, 91 (3): 481-310.

HARRISS, John

2001 *Social Capital Construction and the Consolidation of Civil Society in Rural Areas*. Londres: Development Studies Institute, Working Paper Series, n.° 01-16.

HECHTER, Michael

2004 "From Class to Culture". *American Journal of Sociology*, 11 (2): 400-445.

HEIMAN, Rachel, Mark LIECHTY y Carla FREEMAN

2012 "Introduction. Charting an Anthropology of the Middle Classes". En Rachel Heiman, Carla Freeman y Mark Liechty (eds.). *The Global Middle Classes: Theorizing Through Ethnography*. Santa Fe NM: School for Advanced Research Press.

HOPENHAYN, Martín

2010 "Clases medias en América Latina: sujeto difuso en busca de definición". En Alicia Bárcena y Narcis Serra (eds.). *Clases medias y desarrollo en América Latina*. Santiago de Chile, Barcelona: CEPAL, CIDOB, Naciones Unidas, Secretaría General Iberoamericana.

HUBER, Ludwig

1997 *Etnicidad y economía en el Perú*. Lima: Instituto de Estudios Peruanos, Documento de trabajo n.° 83.

2011 "Desigualdad, diferencia y 'políticas de la identidad'". En Julio Cotler y Ricardo Cuenca (eds.). *Las desigualdades en el Perú: balances críticos*. Lima: Instituto de Estudios Peruanos.

HUBER, Ludwig y Andreas STEINHAUF

1997 "Redes sociales y desarrollo económico en el Perú: los nuevos actores". *Debates en Sociología*, n.° 22: 115-141.

HUBER, Ludwig, Raúl HERNÁNDEZ ASENSIO y Rómulo ZÚÑIGA

2011 *Políticas de la identidad, fragmentación y conflicto social en el Perú contemporáneo*. Lima: Instituto de Estudios Peruanos, Documento de Trabajo n.° 166.

HUSSON, Patrick
1993 "Democracia vs. totalitarismo: el impacto político de la 'masificación' de la sociedad peruana contemporánea". En Alberto Adrianzén *et al. Democracia, etnicidad y violencia política en los países andinos*. Lima: IFEA, Instituto de Estudios Peruanos.

INEI (INSTITUTO NACIONAL DE ESTADÍSTICA E INFORMÁTICA)
2011 *II Censo nacional universitario 2010*. Lima: INEI.

IPSOS-APOYO
2010 *Percepción del egresado universitario en las empresas*. Lima: Ipsos Marketing.

JARAMILLO, Fidel y Omar ZAMBRANO
2013 *La clase media en Perú: cuantificación y evolución reciente*. Washington D. C.: Banco Interamericano de Desarrollo.

JOHNSON, John J.
1958 *Political Change in Latin America. The Emergence of the Middle Sectors*. Stanford: Stanford University Press.

KHARAS, Homi y Geoffrey GERTZ
2010 *The New Global Middle Class: A Cross-Over from West to East*. Washington D. C.: Brookings Institution, Wolfensohn Center for Development.

KLIKSBERG, Bernardo y Luciano TOMASSINI
2000 *Capital social y cultura: claves estratégicas para el desarrollo*. Buenos Aires: BID.

KORNHAUSER, William
1959 *The Politics of the Mass Society*. Glencoe: The Free Press.

KRECKEL, Reinhard
2004 *Politische Soziologie der sozialen Ungleichheit*. Fráncfort, Nueva York: Campus.

La Cruz Bonilla, Juan
2010 “Más allá de la cholificación: movilidad social ascendente entre los aimaras de Unicachi en Lima”. *Debates en Sociología*, n.º 35: 107-132.

La Cruz Bonilla, Juan, Rogger Bustamante y Pamela Díaz
s. f. “Producción del espacio urbano y flujos económicos: el caso del mercado mayorista Unicachi del cono sur (VES)”. Disponible en <http://bit.ly/2h2OkKu> (última visita: 12/04/2015).

Lamas Zoeger, Ana Leonor
2015 *Universidad-empresa en la construcción de nuevas subjetividades juveniles en la ciudad de Chiclayo*. Tesis para optar al título de Licenciada en Antropología, Pontificia Universidad Católica del Perú, Facultad de Ciencias Sociales.

Lamont, Michèle y Virág Molnár
2002 “The Study of Boundaries in the Social Sciences”. *Annual Review of Sociology*, vol. 28: 167-195.

Lange, Hellmuth y Lars Meier
2009 “Who Are the New Middle Classes and Why Are They Given so Much Public Attention?”. En Hellmuth Lange y Lars Meier (eds.). *The New Middle Classes. Globalizing Lifestyles, Consumerism and Environmental Concern*. Dordrecht, Heidelberg, Londres, Nueva York: Springer.

Lange, Hellmuth y Lars Meier (eds.)
2009 *The New Middle Classes. Globalizing Lifestyles, Consumerism and Environmental Concern*. Dordrecht, Heidelberg, Londres, Nueva York: Springer.

Larson Sarfatti, Magali
2013 [1977] *The Rise of Professionalism. Monopolies of Competence and Sheltered Markets*. New Brunswick: Transaction Publishers.

Larson Sarfatti, Magali y Arlene Eisen Bergman
1969 *Social Stratification in Peru*. Berkeley: University of California, Institute of International Studies.

LAVADO, Pablo, Joan J. MARTÍNEZ y Gustavo YAMADA
2014 *¿Una promesa incumplida? La calidad de la educación superior universitaria y el subempleo profesional en el Perú.* Lima: BCRP, Documento de Trabajo 2014-021.

LEHMAN, David
1990 "Modernity and Loneliness: Popular Culture and the Informal Economy in Quito and Guadalajara". *The European Journal of Development Research*, 2 (1): 89-107.

LIGHT, Ivan
1972 *Ethnic Enterprise in America: Business and Welfare among Chinese, Japanese, and Blacks*. Berkeley y Los Ángeles: University of California Press.

1979 "Disadvantaged Minorities in Self-Employment". *International Journal of Comparative Sociology*, 20 (1-2): 31-45.

LIGHT, Ivan y Stavros KARAGEORGIS
1994 "The Ethnic Economy". En Neil J. Smelser y Richard Swedberg (eds.). *The Handbook of Economic Sociology*. Princeton, N. J., Nueva York: Princeton University Press, Russell Sage Foundation.

LIPSET, Seymour Martin
1959 "Some Social Requisites of Democracy: Economic Development and Political Legitimacy". *The American Political Science Review*, 53 (1): 69-105.

1960 *Political Man. The Social Basis of Politics*. Nueva York: Doubleday & Co.

LITTLE, Angela W.
1997 "The Diploma Disease Twenty Years on: An Introduction". *Assessment in Education*, 4 (1): 5-22.

LÓPEZ, A. Ricardo y Barbara WEINSTEIN
2012 "We Shall Be All. Toward a Transnational History of the Middle Class". En Ricardo López y Barbara Weinstein (eds.). *The*

Making of the Middle Class. Toward a Transnational History. Durham, Londres: Duke University Press.

LOPEZ-CALVA, Luis F. y Eduardo ORTIZ-JUAREZ
2011 *A Vulnerability Approach to the Definition of the Middle Class*. Washington D. C.: The World Bank, Policy Research Working Paper, n.º 5902.

LOPEZ-CALVA, Luis, Jamele RIGOLINI y Florencia TOCHE
2011 *Is There Such Thing As Middle Class Values?* Washington: The World Bank, Policy Research Working Paper n.º 5874.

LYNCH, Nicolás
1989 "¿Anomia de regresión o anomia de desarrollo?". *Socialismo y Participación*, n.º 45: 19-27.

2013 "La farsa de la 'clase media'". *Quehacer*, n.º 191: 8-15.

MACISAAC, Donna J. y Harty Anthony PATRINOS
1995 "Labour Market Discrimination Against Indigenous People in Peru". *The Journal of Development Studies* 32, n.º 2: 218-233.

MACKERT, Jürgen
2004 "Die Theorie sozialer SchlieBung. Das analytische Potenzial einer Theorie mittlerer Reichweite". En Jürgen Mackert (ed.). *Die Theorie sozialer Schließung. Tradition, Analysen, Perspektiven*. Wiesbaden: Springer.

MARX, Carlos
1847a *Miseria de la Filosofía. Respuesta a la "Filosofía de la miseria" del señor Proudhon*. Disponible en: <http://bit.ly/2gaq10B>.

1847b *La crítica moralizante o la moral crítica. Contribución a la historia de la civilización alemana. Contra Carlos Heinzen*. Disponible en: <http://bit.ly/1hZlrX5>.

1851-1852 *El Dieciocho Brumario de Luis Bonaparte*. Disponible en: <http://bit.ly/2gTXwmK>.

MARX, Carlos y Federico ENGELS
1848 *Manifiesto del Partido Comunista*. Disponible en: <http://bit.ly/1jZVGsp>.

MATOS MAR, José
1984 *Desborde popular y crisis del Estado. El nuevo rostro del Perú en la década de 1980*. Lima: Instituto de Estudios Peruanos.

MCCALL, Leslie
2001 *Complex Inequality. Gender, Class, and Race in the New Economy*. Londres, Nueva York: Routledge.

MCNALL, Scott. G., Rhonda F. LEVINE y Rick FANTASIA
1991 "Introduction". En Scott G. McNall, Rhonda F. Levine y Rick Fantasia (eds.). *Bringing Class Back In. Contemporary and Historical Perspectives*. Boulder, Colorado: Westview.

MERTON, Robert K.
1968 "On Sociological Theories of the Middle Range". En Robert K. Merton. *Social Theory and Social Structure*. Nueva York, Londres: The Free Press.

MILLS, C. Wright
1951 *White Collar. The American Middle Classes*. Oxford, Londres, Nueva York: Oxford University Press.

MORRIS, Lydia y John SCOTT
1996 "The Attenuation of Class Analysis: Some Comments on G. Marshall, S. Roberts and C. Burgoyne, 'Social Class and the Underclass in Britain in the USA'". *The British Journal of Sociology*, 47 (1): 45-55.

MURPHY, Raymond
1984 "The Structure of Closure: A Critique and Development of the Theories of Weber, Collins, and Parkin". *The British Journal of Sociology*, 35 (4): 547-567.

1986 "The Concept of Class in Closure Theory: Learning from Rather than Falling into the Problems Encountered by Neo-Marxism". *Sociology*, 20 (2): 164-247.

1988 *Social Closure. The Theory of Monopolization and Exclusion*. Oxford: Clarendon Press.

NASSEHI, Armin
2008 *Soziologie. Zehn einführende Vorlesungen*. Wiesbaden: Verlag für Sozialwissenschaften.

NATIONAL INTELLIGENCE COUNCIL
2012 *Global Trends 2030: Alternative Worlds*. Washington: NIC. Disponible en <www.dni.gov/nic/globaltrends> (último acceso: 04/04/2015).

NEIRA, Hugo
1987 'Violencia y anomía: reflexiones para intentar comprender". *Socialismo y Participación*, n.° 37: 1-11.

NEYRA, Eloy
1993 "'Cuando no trabajo me da sueño'. Raíz andina de la ética de trabajo". En Tempo-Taller de Estudios de las Mentalidades Populares. *Los nuevos limeños. Sueños, fervores y caminos en el mundo popular*. Lima: Sur, Tafos.

NISBET, Robert A.
1959 "The Decline and Fall of Social Class". *The Pacific Sociological Review*, 2 (1): 11-17.

NUN, José
1968 "The Middle-Class Military Coup". En James Petras y Maurice Zeitlin (eds.). *Latin America: Reform or Revolution?* Greenwich: Fawcett.

O'DONNELL, Guillermo A.
1973 *Modernization and Bureaucratic-Authoritarianism. Studies in South American Politics*. Berkeley: University of California Press.

OECD (Organisation for Economic Co-Operation and Development)
2010 *Perspectivas económicas de América Latina 2011: En qué medida es clase media América Latina*. París: OECD Publishing.

Ortner, Sherry B.
2006 *Anthropology and Social Theory. Culture, Power, and the Acting Subject*. Durham y Londres: Duke University Press.

Pakulski Jan y Malcolm Waters
1996 *The Death of Class*. Londres, Thousand Oaks, Nueva Delhi: Sage.

Paramio, Ludolfo
2010 "Economía y política de las clases medias en América Latina". *Nueva Sociedad*, n.° 229: 62-75.

Parker, David S.
1995 "Los pobres de la clase media: estilo de vida, consumo e identidad en una ciudad tradicional". En Aldo Panfichi H. y Felipe Portocarrero S. (eds.). *Mundos interiores: Lima 1850-1950*. Lima: Universidad del Pacífico.

1997 "Discursos, identidades y la invención histórica de la clase media peruana". *Debates en Sociología*, n.° 22: 99-112.

1998 *The Idea of the Middle Class. White-Collar Workers and Peruvian Society, 1900-1950*. University Park, PA: Pennsylvania State University.

2009 "Movilización de clase media y el lenguaje de estamentos: de 'casta' a 'categoría' en la Lima de principios del siglo XXI". En Eduardo Visacovsky y Enrique Garguin (comp.). *Moralidades, economías e identidades de clase media. Estudios históricos y etnográficos*. Buenos Aires: Antropofagia.

2013a "Introduction: The Making and Endless Remaking of the Middle Class". En David S. Parker y Louise E. Walker (eds.).

Latin America's Middle Class. Unsettled Debates and New Histories. Lanham: Lexington Books.

2013b "White-Collar Lima, 1910-1929. Commercial Employees and the Rise of the Peruvian Middle Class". En David S. Parker y Louise E. Walker (eds.). *Latin America's Middle Class. Unsettled Debates and New Histories*. Lanham: Lexington Books.

Parkin, Frank

1974 "Strategies of Social Closure in Class Formation". En Frank Parkin (ed.). *The Social Analysis of Class Structure*. Londres: Tavistock.

1979 *Marxism and Class Theory. A Bourgeois Critique*. Nueva York: Columbia University Press.

Parsons, Talcott

1939 "The Professions and Social Structure". *Social Forces*, 17 (4): 457-467.

1964 *Social Structure and Personality*. Londres: The Free Press.

Pásara, Luis

1988 "La 'libanización' en democracia". En Luis Pásara y Jorge Parodi (eds.). *Democracia, sociedad y gobierno en el Perú*. Lima: Cedys.

Pereyra, Omar

2016 *San Felipe: Grupos de clase media se encuentran*. Lima: Instituto de Estudios Peruanos.

Plaza, Orlando

2007 "El debate teórico sobre las clases sociales: una aproximación histórico-analítica". En Orlando Plaza (coord.). *Las clases sociales en el Perú*. Lima: Fondo Editorial de la Pontificia Universidad Católica del Perú.

Polanyi, Karl

1944 *The Great Transformation*. Nueva York: Holt y Rinehart.

PORTES, Alejandro
1995 "Economic Sociology and the Sociology of Immigration". En Alejandro Portes (ed.). *The Economic Sociology of Immigration. Essays on Networks, Ethnicity, and Entrepreneurship*. Nueva York: Russell Sage Foundation.

2010 *Economic Sociology. A Systematic Inquiry*. Princeton, Oxford: Princeton University Press.

PORTES, Alejandro y Julia SENSENBRENNER
1993 "Embeddedness and Immigration: Notes on the Social Determinants of Economic Action". *American Journal of Sociology*, 98 (6): 1320-1350.

PORTES, Alejandro y Kelly HOFFMAN
2003 "Latin American Class Structures: Their Composition and Change during the Neoliberal Era". *Latin American Research Review*, 38 (1): 41-82.

PORTES, Alejandro y Patricia LANDOLT
2000 "Social Capital: Promise and Pitfalls of its Role in Development". *Journal of Latin American Studies*, n.º 32: 529-547.

PORTOCARRERO, Gonzalo (ed.)
1998 *Las clases medias: entre la pretensión y la incertidumbre*. Lima: Sur, Oxfam.

POULANTZAS, Nicos
2008 [1973] "On Social Classes". En James Martin (ed.). *The Poulantzas Reader*. Londres, Nueva York: Verso.

PRZEWORSKI, Adam
1985 *Capitalism and Social Democracy*. Cambridge, París: University of Cambridge Press, Maison de Sciences de l'homme.

PUTNAM, Robert
2000 *Bowling Alone: The Decline and Revival of Community in America*. Nueva York: Simon & Schuster.

RATINOFF, Luis

1967 "The New Urban Groups: The Middle Classes". En Seymour Martin Lipset y Aldo Solari (eds.). *Elites in Latin America*. Nueva York: Oxford University Press.

RAVALLION, Martin

2010 "The Developing World's Bulging (but Vulnerable) Middle Class". *World Development*, 38 (4): 445–454.

REDDING, S. Gordon

1990 *The Spirit of Chinese Capitalism*. Berlín, Nueva York: Walter de Gruyter.

ROBERTS, Jennifer y J. Andrew COUTTS

1992 "Feminization, Accounting Organizations Professionalization: A Review of an Emerging Literature on the Development of Accounting in the United Kingdom". *Accounting, Organizations and Society*, 17 (3-4): 379–395.

ROSE, Nikolas

1996 "Governing Enterprising Individuals". En Nikolas Rose. *Inventing Ourselves*. Cambridge: Cambridge University Press.

RUESCHEMEYER, Dietrich, Evelyn HUBER STEPHENS y John D. STEPHENS

1992 *Capitalist Development and Democracy*. Chicago: University of Chicago Press.

SAVAGE, Mike

2000 *Class Analysis and Social Transformation*. Buckingham: Open University Press.

SAVAGE, Mike *et al.*

1992 *Property, Bureaucracy, and Culture. Middle-Class Formation in Contemporary Britain*. Londres, Nueva York: Routledge.

SCHOFER, Evan y John W. MEYER

2005 "The Worldwide Expansion of Higher Education in the Twentieth Century". *American Sociological Review*, vol. 70: 898-920.

Scott, John
1996 *Stratification and Power: Structures of Class, Status and Command.* Cambridge: Polity Press.

2001 "When Class is Dead, Why Won't it Lie Down?". En Alison Woodward y Martin Kohli (eds.). *Inclusions and Exclusions in European Societies.* Londres, Nueva York: Routledge.

Seclén Neyra, Eloy
2013 *¿A dónde van los que quieren salir adelante? El perfil de los estudiantes de las nuevas universidades privadas en Lima. El caso de la Universidad César Vallejo.* Tesis para optar por el grado de Magíster en Sociología. Lima: Fondo Editorial de la Pontificia Universidad Católica del Perú.

Solimano, Andrés
2008 *The Middle Class and the Development Process.* Santiago de Chile: CEPAL, Serie Macroeconomía y Desarrollo, n.° 65.

Steinhauf, Andreas
1991 "Diferencias étnicas y redes de larga distancia entre migrantes andinos: el caso de Sanka y Colcha". *Boletín del Instituto Francés de Estudios Andinos,* 20 (2): 93-114.

Steinhauf, Andreas y Ludwig Huber
1996 "Redes sociales en una economía étnica: los artesanos de la costa norte del Perú". *Bulletin de l'Institut Français d'Etudes Andines,* 25 (2): 269-281.

Stewart, Simon
2010 *Culture and the Middle Classes.* Farnham, Burlington: Ashgate.

Sulmont, Denis, Marcel Valcárcel y Walter Twanama
1991 *El camino de la educación técnica: los otros profesionales.* Lima: Fondo Editorial de la Pontificia Universidad Católica del Perú.

SUXO, Moisés
2008 *La voz de una nación. Los aymaras de Lima Metropolitana, caso Unicachi*. Lima: Editorial San Marcos, Corporación Andina de Unicachi S. A.

SWIDLER, Ann
1986 "Culture in Action: Symbols and Strategies". *American Sociological Review*, n.° 51: 372-286.

TEMPO-TALLER DE ESTUDIOS DE LAS MENTALIDADES POPULARES
1993 *Los nuevos limeños. Sueños, fervores y caminos en el mundo popular*. Lima: Sur, Tafos.

THOMPSON, E. P.
1963 *The Making of the English Working Class*. Londres: Victor Gollancz.

THOMPSON, John B.
1984 *Studies in the Theory of Ideology*. Berkeley, Los Ángeles: University of California Press.

THORNTON DILL, Bonnie y Ruth ENID ZAMBRANA (eds.)
2009 *Emerging Intersections. Race, Class, and Gender in Theory, Policy, and Practice*. New Brunswick, Londres: Rutgers University Press.

TILLY, Charles
1990 "Transplanted Networks". En Virginia Yans-McLaughlin (ed.). *Immigration Reconsidered. History, Sociology, and Politics*. Nueva York, Oxford: Oxford University Press.

TORCHE, Florencia y Luis F. LOPEZ-CALVA
2013 "Stability and Vulnerability of the Latin American Middle Class". *Oxford Development Studies*, 41 (4): 409-435.

UCCELLI, Francesca y Mariel GARCÍA
2016 *Solo zapatillas de marca. Jóvenes limeños y los límites de la inclusión desde el mercado*. Lima: Instituto de Estudios Peruanos.

VALDIVIA, Néstor
2002 *Etnicidad, pobreza y exclusión social: la situación de la población indígena urbana en el Perú*. Reporte preparado para el Banco Mundial. Lima: Grade.

VAN DEN BERGHE, Pierre
1979 "Nigeria and Peru: Two Contrasting Cases in Ethnic Pluralism". *International Journal of Comparative Sociology*, 20 (1-2): 162-174.

VIDICH, Arthur J. (ed.)
1995 *The New Middle Classes. Life-Styles, Status Claims and Political Orientations*. Nueva York: New York University Press.

WACQUANT, Loïc J. D.
1991 "Making Class. The Middle Class(es) in Social Theory and Social Structure". En Scott G. McNall, Rhonda F. Levine y Rick Fantasia (eds.). *Bringing Class Back In. Contemporary and Historical Perspectives*. Boulder, Colorado: Westview.

WALDINGER, Roger
1995 "The 'Other Side' of Embeddedness: A Case Study of the Interplay of Economy and Ethnicity". *Ethnic and Racial Studies*, 18 (3): 555-580.

1997 *Social Capital or Social Closure? Immigrant Networks in the Labor Market*. Los Ángeles: The Ralph and Goldy Lewis Center for Regional Policy Studies, UCLA, Working Paper Series.

WALDINGER, Roger, Howard ALDRICH y Robin WARD
1990 "Opportunities, Group Characteristics, and Strategies". En Roger Waldinger, Howard Aldrich y Robin Ward (eds.). *Ethnic Entrepreneurs. Immigrant Business in Industrial Societies*. Newbury Park, Londres, Nueva Delhi: Sage Publications.

WALZER, Michael
1984 *Spheres of Justice. A Defense of Pluralism and Equality*. Nueva York: Basic Books.

WEBER, Max

2002 [1922] *Economía y sociedad. Esbozo de sociología comprensiva.* México D. F.: Fondo de Cultura Económica.

WEEDEN, Kim A.

2002 "Why Do Some Occupations Pay More than Others? Social Closure and Earnings Inequality in the United States". *American Journal of Sociology,* 108 (1): 55-101.

WEEDEN, Kim A. y David B. GRUSKY

2005 "Are There Any Big Classes at All?". En David B. Bills (ed.). *The Shape of Social Inequality: Stratification and Ethnicity in Comparative Perspective. Research in Social Stratification and Mobility,* n.° 22. Ámsterdam: Elsevier.

WERBNER, Pnina

1984 "Business on Trust: Pakistani Entrepreneurship in the Manchester Garment Trade". En Robin Ward y Richard Jenkins (eds.). *Ethnic Communities in Business. Strategies for Economic Survival.* Cambridge, Londres: Cambridge University Press.

WIETZKE, Frank-Borge y Andy SUMNER

2014 *What Are the Political and Social Implications of the 'New Middle Class' in Developing Countries?* Londres: King's International Development Institute. Working Paper 2014-03.

WILSON, Dominic y Raluca DRAGUSANU

2008 *The Expanding Middle: The Exploding World Middle Class.* Nueva York: Goldman Sachs, Global Exonomic Paper n.° 170.

WRIGHT, Eric Olin

1979 "A General Framework for the Analysis of Class Structure". En Eric Olin Wright *et al. The Debate on Classes.* Londres: Verso.

1985 *Classes.* Londres: Verso.

2004 *Class Counts.* Cambridge: Cambridge University Press.

WRIGHT, Eric Olin (ed.)
2005 *Approaches to Class Analysis*. Cambridge: Cambridge University Press.

WYNNE, Derek
1998 *Leisure, Lifestyle and the New Middle Class. A Case Study*. Londres, Nueva York: Routledge.

YAMADA, Gustavo
2007 *Retornos a la educación superior en el mercado laboral: ¿vale la pena el esfuerzo?* Lima: Universidad del Pacífico, CIES. Documento de trabajo n.° 78.

YAMADA, Gustavo, Juan F. CASTRO y Mario RIVERA
2012 *Educación superior en el Perú: retos para el aseguramiento de la calidad*. Lima: Sineace.

ZECHMEISTER, Elizabeth J., Laura SELLERS y Mitchell A. SELIGSON
2012 "Assessing the Impact of the New Middle Class on Politics and Democracy". *Americas Quarterly*, otoño 2012: 74-76.

ZIRKER, Daniel
1998 "Jose Nun's 'Middle-Class Military Coup' in Contemporary Perspective: Implications of Latin America's Neoliberal Democratic Coalitions". *Latin American Perspectives*, 25 (5): 67-86.

Made in United States
North Haven, CT
10 November 2026

22091519R00090